愛恐匱語

Blind Shots of Love

上 新篇

陶國璋

中華書局

第二章
拒絕成長的「孩子」

第三章
愛的境域

第四章
戀戀風塵

三十六個 為甚麼

① 為甚麼我會常常覺得**煩悶**、容易陷入情緒低落？

② 為甚麼我會常常覺得自己是**失敗者**？

③ 為甚麼我會感到生活**厭膩**，不斷原地踏步？

④ 為甚麼我打機二十四小時之後，會有一種**心倦**感？

⑤ 為甚麼我會覺得周遭都是**壓力**？

⑥ 為甚麼我會害怕與**陌生人**相處？

⑦ 為甚麼我會生於世上，卻又**毫無意義**？

⑧ 為甚麼我會覺得自己最**重要**？

⑨ 為甚麼我會覺得自己一**無是處**？

⑩ 為甚麼我會對別人的不幸**無動於衷**？

⑪ 為甚麼我會害怕**孤獨**，不斷找人傾談、給朋友發訊息？

⑫ 為甚麼我會不斷重蹈覆轍，無法改變自己的**錯失**？

⑬
為甚麼我會患上**拖延症**？

⑭
為甚麼我會**畏懼**別人的眼光？

⑮
為甚麼我會無端端**難過**起來？

⑯
為甚麼我會易於**鍾情**？

⑰
為甚麼我會很難**愛上**別人？

⑱
為甚麼我會覺得**失戀**的流行曲擊中我的心扉？

⑲
為甚麼我會**每個星期天**都要逛商場？

⑳
為甚麼我會喜歡**商場**多於大自然？

㉑
為甚麼我會**貪新厭舊**，不斷更換手機？

㉒
為甚麼我會**不能停止**玩遊戲機？

㉓
為甚麼我會愛上**自拍、打卡**？

㉔
為甚麼我會愛上**動漫**？

㉕

為甚麼我會愛上
cosplay？

㉖

為甚麼我會愛上PS4的
賽車女郎？

㉗

為甚麼我會愛上虛擬世界
的**慘淡氛圍**？

㉘

為甚麼我會愛上**社交
平台**？

㉙

為甚麼我會希望**扮演**別
人，而不願意做自己？

㉚

為甚麼我會不停上網**搜
尋**？究竟在找些甚麼？

㉛

為甚麼我會變成了**宅
男／宅女**？

㉜

為甚麼我會因身邊沒有
智能電話而感到**若有
所失**？

㉝

為甚麼我會在旅行抵達酒
店時，第一句話是：**Wi-
Fi**的號碼是甚麼？

㉞

為甚麼我會戀上**陰暗、
死亡**的意象？

㉟

為甚麼我會不願意長大，永
遠擁抱**童年**？

㊱

為甚麼我會覺得**不快樂**？

三十六個為甚麼，只有一個答案，就是我們缺失了對生活的熱情。我們缺失了對生活的熱情，卻又因為遺忘了愛，忘記了怎樣去愛，所以我們不斷「打卡」、不斷留連社交平台、不斷淘寶、打電玩遊戲、自拍、逛商場、扮演他人⋯⋯或者害怕與別人相處、拖延事情、覺得人生苦悶、抑鬱、自憐、自傷⋯⋯

愛為何這麼重要？

首先，我們從心理學的角度，了解需要愛的心理要求。

人是社會性動物，愛是一種穩定的人與人合群相處的潤滑劑。我們會愛親人、熟悉的朋友，在某些機緣下，我們也會對陌生人有所關懷，即使大家從不相識，亦無利益關係，基於同類、基於互惠利他，人類會自然要求相親相愛。綜合言之，愛源於人類需要合群的安全感。

一位美國心理學家進行了一個實驗，他把幾個陌生人關在一個黑暗的房間裏，觀察他們的行為。一般人可能會以為，在黑暗中和陌生人待在一起應該會因害怕而畏縮，但事實上，實驗中的人們反而主動去觸碰其他陌生人。這是因為人們在漆黑一片、可能存有潛在危險的情況下，都希望找到能協助

自己的人。又因為相互間很陌生，他們只有表現出愛，才能找到安全感，使自己得以生存。

在另一個實驗中，參與者進入了一個被完全隔絕的房間。他不能與外界有任何交流，既沒有可以與其傾談的對象，也沒有諸如電話一類的傳訊工具，只能獨自在一個空間裏生活數天。實驗證實，大多數參與者在實驗開始後的兩至三天會開始自言自語或做白日夢，繼而出現一些異常舉動，甚至是精神錯亂。

俄國小說家杜斯妥也夫斯基（Dostoyevsky, 1821-1881）曾受囚牢之苦，他在《地下室手記》中描述，監獄中最可怕的刑罰並不是毒打、虐待；他親見獄中最強悍、最冥頑不靈的罪犯，都懼怕關入暗室獨自囚禁，罪犯被獨囚數天或數月之後，精神會崩潰。因此，我們可以看到人類對被隔離的恐懼，長期的孤獨使人在生理上出現了許多異常的反應，並且在精神上處於一種不穩定的狀態。隔離感帶來的痛苦，成為一種驅使力（drive），驅使人主動地消除這種隔離感；人們會與他人建立一種親和關係，其建立的方法便是「愛」。

愛可以被視為一種自我求生機制，它減少了人因被隔離而承受的痛苦，鼓勵或推動人繼續生存下去。此外，試想在石

器時代，狩獵或對付野獸的工具還未發展成熟，人唯有相互依賴，共同對付外界的侵襲，才能降低危險對人造成威脅的機率，增加生存機會。唯有建立愛，才能聯合別人，抵抗危機。

一位學生來到辦公室，問：我分辨不清喜歡和愛上的分別，每回見到他，內心有點愉悅，離別時又好像沒有依依不捨的感覺，究竟我是喜歡他，還是愛上了他？我一本正經回答：「喜歡是淡淡的愛，愛是深深的喜歡……」說完之後，我也覺得太滑調了，說了好像沒說，學生帶着迷惘的表情離開。「愛是恒久忍耐，又有恩慈，愛是不自誇，不張狂，不作害羞的事，不求自己的益處，不輕易發怒，不計算人的惡……」這是使徒保羅的名句，信徒都能背得朗朗上口，很熟悉，也很合理，不過，它並沒有回應人類的愛的現象為何如此曲折、如此糾結。本書希望透過哲學的思維態度，對愛的現象作批判性的考量——雖然哲學這種理性分析的態度，從來就與感性的愛情絕緣；不過哲學既求解惑，自覺有一種責任，強探力索之餘，冀解眾多苦杯於萬一。

本書原名為《愛的盲點・80後篇》，由於「80後」這名稱已經與時代脫節，加上改動增補之處頗多，其中第二、第三章改動逾半，增加了三萬多字，故更名為《愛的盲點・上・新篇》。

第一章

Blind Shots

輕不着地的時代

愛之好生遺下篇

要認識這個時代的情感世界，先要從這個時代的特質說起。

　　「時代」是一個綜合性的觀念，通常是由歷史學家、社會學家、政治學家或經濟學家來論斷。例如歷史學家以 1492 年哥倫布發現新大陸為分水嶺，世界的版圖從此不一樣，來勾勒出近代（modern）世界；又或者政治學家以 1789 年法國大革命來說出近代政治的轉向，由貴族統治政治轉化為民主政治。還有一種定位，是屬於社會政治的，就是提出普世價值為現代社會的特質。普世價值（universal values）是指西方文明脫離了神權統治後，普遍接受的一種人道精神（humanism）。

　　「現代」或者「現代性」仍然是學術的熱門研究範圍。不過本書希望從人生體驗的角度，分析現代人的情感現象，所以不打算詳細討論現代社會各種的特質。所謂人生體驗的角度，是從人性的一些表現，向後追溯人的存在性相，以理解我們的情感世界。

　　一般來說，我們已經接受現代就是代表進步。的確，現代社會的政治制度、交通資訊、醫療體制、科技文明都較以前進步；不過，試試換一個視點：我們活得較前人更為幸福嗎？

日本厚生勞動省發表 2018 年度全球平均壽命報告，香港再次成為全球男女最長壽的地區，女性平均壽命 87.66 歲，男性平均則為 81.7 歲，力壓日本女性及瑞士男性，並列全球之首。可是，另一調查，聯合國「可持續發展解決方案網絡」（SDSN）發表「2018 年全球快樂報告」，香港人的幸福指數卻排行 76 位。這現象說明我們的社會其實出現了現代化的危機。

許多研究將問題歸咎於香港的政治環境、社會財富不均等等，於是便將許多情感生活合理化；不少人追求一夜激情，得到的是便捷、新鮮的情慾關係，慾望滿足了，然而不見得他們有多幸福。相反，我們深夜在酒吧、夜店中，看到的多數只是一張張空虛、孤寂和疲憊的臉孔，不斷在燈紅酒綠、紙醉金迷之間尋求短暫、剎那的歡愉，如在大海中浮浮沉沉地尋找救生圈，卻永遠無法游至彼岸的樂土。「空虛」、「孤獨」似乎不僅僅是一時髦的名詞，它是一個時代的果實，它長成怎樣的樣子，其實有久遠的前因。

百多年前，丹麥哲人祈克果（S. Kierkegaard, 1813-1855）在《病至於死》（*Sickness Unto Death*）一書的開篇就說：

我們這個時代，在本質上，乃是一個沒有熱情，只重理解思想的時代，有時亦發出熱忱，但轉眼又如黠鼠般歸於

緘默。……

我們這時代，人們完全不知所謂行動或決心的意義。以前，大家都認為，人的成敗由其行為決定；但今天卻剛剛相反，大家只會袖手閒談，憑着一點想法就神氣起來。既然沒有熱情，就無法體會任何有關激情的願想，我們無法體會政治上的忠誠、宗教上的虔敬，亦無法保存日常生活中的誠懇與家庭倫理。在一個沒有熱情的時代，沒有人知道「價值是甚麼」，一切事物都變成了潮流；今日的所謂人物，如情人、思想家、才子、高傲傑出之輩，都不敢說出他們的親身經歷，因為他們的背景實在太空洞。

書名《病至於死》是要道出現代人獨有的孤寂感。一般的病都有病癒的時候，但有一種名為「絕望」的病，它好像沒有痊癒的一天，生命不斷沉浸於耗散之中，平日的笑語、歡愉、親和的生活，全部星散撤離了。它是一種哀、一種愁，最後慢慢從所憂鬱的對象中剝落，心靈逐漸往下沉，蜷伏起來。蜷伏、心倦、麻木乃是方便形容之，其間只有箇中人渙化於無可奈何之中，憂鬱情緒轉渡至絕望。

祈克果嘗試界定絕望：「絕望是不願面對自己的一種自我消耗行為。」絕望的人最害怕的是面對自己。在抑鬱中，他對

外面的世界失去興趣，於是透過分心來消耗自己，例如以酗酒、賭博、吸毒來自我麻醉；可是，總有些時候從麻醉中醒來，於是自我就必須面對空洞的自己，他只得退回消耗自己的循環之中……

絕望感就是這個時代的病徵。

絕望感

首先，祈克果認為有兩類的絕望感：一、欠缺必然性的絕望（despair of being without necessity）；二、欠缺可能性的絕望（despair of being without possibility）。

第二種比較容易理解，就是面對絕境的感覺，往往與死亡有關，例如絕症病人的無望感，對摯愛者死亡的感受。第一種是哲學層次的，就是我們忽然跌入意義失落的狀況，詰疑為何自己要活下去。

「欠缺必然性的絕望」又再分為三個層次：

第一個層次是「失去自我的絕望」（despair of losing oneself）。這種絕望感的特質是發問我是誰？我的身份是甚麼？生存有何意義？既然在別人眼中沒有自己，自我存在是偶然的，世上多了我一個不算多，少了我也無所謂。他的自我形象低落，只能透過模仿他人、投入潮流之中，讓自我隱退。

消費文化將人收納為不同的角色：曼聯球迷、尊貴客戶、網紅跟從者、股票散戶……個體湮沒在團體、社群、共同體中。漸漸地，人們遺忘了個體的獨一性，每天活在原地踏步的重複中，渾渾噩噩，不知有「我」。

第二個層次是「不願有我的絕望」（despair of having oneself）。「不願有我」較「不知有我」深刻，他得發問人生有否存在的意義的問題；只不過，他雖然發現人生中有起伏波折，但是面對自己其實是極難極難的事，於是他選擇了逃避。現代人普遍害怕抉擇，比如連吃飯時點菜都不願主動，怕與友人的口味不同；答應了出席聚會，卻輕易爽約。他們害怕冒風險，不願有自己的意見，每回自覺到自己的存在，只會感到無奈和空虛，於是刻意地麻醉自己，讓匆匆往來的忙碌的社交填補生活，用吃喝玩樂填塞內心的空虛。現代人害怕靜下來反省生活，將以前的理想、激情、同情、愛心等等內在的感觸，全隱蔽起來，含糊地蒙混拖沓過去，旁觀式地看一切，或者透過分心打發自我的思緒，例如消費：不斷購買某種東西，從中宛似獲得一種自由度。玩遊戲機，上互聯網，或走到街上，特別是熱鬧的市區，這裏看看，那裏看看，在電話中與朋友閒聊，互相訴說別人的是非，或者過慣了規律式的上班下班生活，於是到外地旅遊……旅遊大概是較好的方式，許多人稱旅遊為充電；不過，人如果對旅遊也感到煩悶時，就會想試些新奇的玩意，例如從橋上跳下、激流划艇、跳降傘……以外在的刺激觸動生命的重量感。

第三個層次是「承擔不起有我」（despair of unbearable being oneself）。魯迅說：人生的悲劇在於

自我醒覺，卻發現自己無能為力。當我們願意真實地生活，願意承擔沉重的自我，但卻發覺道德的無力感。現實上，人生有不同層域的價值，忽地發覺現實生活中到處都是兩難的局面。例如母親不喜歡自己的女朋友或男朋友，但我又無法說服孤苦的母親；又或者我鍾情於對方之後，才覺得對方愛的不是我，正如林夕〈人來人往〉的歌詞：「閉起雙眼你最掛念誰／眼睛張開身邊竟是誰」，徒歎造化弄人。更深層的，當人懷有理想，卻被理想與理想間的衝突所困擾，古人常說「忠孝兩難全」，捨生取義乎？還是明哲保身？人雖然願意承擔自己的責任，卻又無力解決當前的兩難，這些都凸顯了人的有限性。這種絕望感帶有道德的莊嚴性。

祈克果的年代，正是工業革命取得成果的年代，工業化牽動了現代化，表面上一切欣欣向榮。祈克果卻先知先覺，批評當時的人只懂得計算利益，思前想後，只為了如何「發達」。沒有熱情的人都因發現種種逃避的方法而自我慶幸，沒有人看見真實的價值。人們所愛的唯一事物就是金錢，即使是充滿朝氣的青少年，欣羨的亦只是他人所擁有的「名牌」、某某歌星的收入。祈克果更說：這個時代的人甚至不會放浪、去冒險，每天只懂得循規蹈矩地上班、下班；到他們臨死，卻又覺得好像沒經歷過甚麼，他們只會埋怨自己沒有足夠的金錢，總認為如果好像富豪般擁有數億家產的話，就算不虛度此生。

泛物質的生活，直接表現為削平現象。削平（leveling）是祈克果獨創的觀念，也是存在主義者常用的詞彙。它指在社會上，人我的面目不清，彼此互相混同，大家逐漸失去了個性，奇怪的是，每個人都自信自己的生活模式是獨一無二的，認為自我的價值最重要，並且不斷要求自我增值。他們無視歷史文化的創造，不相信世界上有人性的光輝；對一般人來說，所謂偉大的人物，不過是外在機緣巧合所致，或者他們天資過人、得天獨厚，所以是上天造化；對一切成就或貢獻，他們沒有驚訝或仰慕之情，他們總相信人皆自私自利，以自私為天經地義的生物競存、基因演化的結果。

　　削平之後的狀態，稱為平均狀態（averageness）。平均狀態最易見於交談現象，我們或者他們只能以一種平均而可理解的方式交談，不再聽取陌生的概念。如果你突然發問一些嚴肅的問題，例如宇宙中有沒有神的存在？人生的目的是甚麼？他們就會以一種反諷的語調，嘲弄你陳義過高、鑽牛角尖。他們排斥任何新的語彙、新的觀念，實則只聽取言談本身，以膚淺的理解掩蓋事情的複雜性。

　　現代資訊雖發達，但大家在網上留意的盡多是明星「穿崩」、小貓追逐自己的尾巴、路人不小心倒地、汽車爭路等等「趣怪搞笑」片段；他們開始變得害怕無所事事，在任何情況下

都要與他人保持聯繫，他們沒有耐性研究大自然的變化、社會體系的運作、生命存在的真相，他們會認為那些太費神、太困難了。於是他們終日游心於外，找些新奇有趣的事物來打發時間，不斷從某一新奇對象轉移至另一新奇對象，以保持一種熱烘烘的新鮮感。他們對事情的真相並不關心，也不會同情或投入，目的只在閒聊時發表自己獨特的意見，以換取別人的認同。

對大多數的人來說，只有活在平均狀態中，才會有安全感。當彼此互相發表自以為是的言論，逐漸便產生一種公眾意見現象。一般人其實並沒有自己的意見，而是受着公眾意見所熏染，現代網絡上的 KOL（意見領袖，Key Opinion Leader），助長了這種公眾意見的漩渦，不同的政治立場，各歸其「共同體」，並且總以為「我們」的觀點是正確的，而排斥其他人的看法。

網絡上的公眾意見可以成為批評社會不公義的喉舌，許多 KOL 事實上是真心關注社會、政治問題的，可是，網絡上的速食文化，泛泛而知的認知態度，使一切變得含糊不清，時間一過，大家都遺忘事情曾經發生。加上 KOL 必須以譁眾來增加點擊率，所以，公眾意見讓大眾永遠活於迎合與排拒的游離狀態中，大家只以主觀的好惡感受，去揣測他人的心意。他們往往為着得到認同而唯唯諾諾，迎合他人的意見。

當彼此相互認同時，他們這樣做，都是為了害怕離群自處，為了排拒寂寞。

游離狀態與削平交互作用，一切價值層級皆被壓平。削平破壞了自我單一性與價值差異，因此自我開始失落，這種失落感宛似深淵，存在主義稱為虛無的深淵，內中有一種很奇特的怖慄感。

祈克果透過「怖慄」（dread）一詞指出，現代人有一種奇特的失落感、虛無感，dread 不同於 fear，fear 是有對象指向的，比如怕蟑螂、怕惡狗；但 dread 並不是指懼怕某種東西，它是指對未來的一種模糊、不穩定的懼怕，即一種難以說清的擔憂。「怖慄」接近於「無」，「無」並非一事物，怖慄意識是生於有限者面對蒼茫虛渺的宇宙時，心底湧起一種清澈的虛無感而形成自我解體（self-negation），相應於一種忐忑不安感，慢慢地陷溺於精神虛弱的狀態中；在疲憊虛弱中，全無主見，甚至失去生存的目標，雖然人會想盡辦法逃離它，卻又無法找到出路，絕望感便悄然掩至。

在怖慄的氛圍中，一種拋擲性（thrownness）翕然而至：人不知其來，亦不知其去。人可能活了二十年、三十年，或者更久，才發覺自己竟然已經存在着這事實。我竟然存在了，但

我不知我來自哪處，也不知我將來死亡後要往哪裏去，我只知道我竟然存在着這事實。平常，我們是透過意義來了解世界，它是一種很複雜的認知關係。任何事情都有理由可說，我們通過因果式的理由支持生活運行、活動；當遇上一些說不上目的的事情，我們便會說：這毫無意義，為何一定要這樣做呢？

當人失去了價值、方向的時候，會感到失落。失落並非失去了東西，而是存在意義的迷失；這種失落感的「存在」，其實是一種消極的存在，它不會正面出現，而是對反於慣性的生活節奏所凸顯出來的一種欠缺感。

現代人就活在這種「輕不着地」的氛圍中，好像腳跟不能實實在在地踏在地上的感覺。

一、世界的新圖像

要談這個時代，必須從社會結構的改變說起。

我們稱這時代為消費主義的年代，但消費主義仍是表層的，更深層的，是科學技術的霸權。科學技術（technology）是工業革命的成果，它從根源上改變了我們的存在空間。

西方第一次工業革命以瓦特發明蒸汽機為代表，第二次是電力的發明與使用，第三次該是電腦與資訊科技的產生和發展。有科學家預言：第四次將是生物科技、人工智能、大數據等等的突破……他們以樂觀的語氣，向我們預報人類美好的未來，但他們或許不知，人類幾經困難才克服神權的迷障，如今竟又不自覺地陷入另一物化的危機中。

（一）科技成了霸權

我們已邁入了科技年代，不僅是生活上物質化，不斷追求享樂；更重要的，是思想上我們將理性看成工具，形成技術控制論。泛知識的科技世界抹殺了價值世界、理想世界，愈來愈多年輕人整天埋首於電腦前，不斷地學習運用新軟件，瀏覽國際網絡的資訊，沉迷於聯網通話……科學技術已經掩蓋了「自然」，這種現象被稱為自然世界的遺忘。

現代科技已漸漸失去十七八世紀牛頓物理學時期的理想色彩。隨着工業革命與殖民主義的發展，現代化與文明化漸漸帶有對原始與自然的敵視。這種粗鄙、玩忽自大的心態，與啟蒙運動初始的理性主義大異其趣，也與純粹自然科學探求宇宙真相的志趣不合，它是實用性技術與殖民主義霸權心態相結合

的結果。

科學與科技

　　科學的說明是就事論事，只講求實證，輔以數學演算的數據，盡量達至精確。科學不負責解答「為甚麼」（why），例如它說明鐵生鏽是氧化作用，並不進一步解釋為何鐵的原子與氧的原子必然會黏合在一起；又比如天文學說明太陽系的來源，提出宇宙大爆炸理論；又或地理學以板塊理論說明地球的陸地分佈形態，都是一些說明，只是一些提議（proposal）；所以科學理論總是開放的，容許新的理論作出不同的說明，它代表人類的實事求是和開放的求真精神。

　　科學與科技有所差異。第一，在思維方式上，科學是形式化的邏輯推演，注重理論的假設與原理之間要具有必然性和普遍有效性，而科技則是對某項技術進行實質具體的探索；第二，從目的上說，科學對知識的探索比較純粹，重求知，追問現象間的因果性，並無外在目的，是非功效、非實用的，而科技則要求實際效果，其技術必須有所應用，是有具體目標的。

科學是一種典範式（paradigm）[1]的理論研究，例如牛頓的物理學是一套典範，愛恩斯坦的相對論是另一套典範。每一位科學家在從事典範式的原創性理論研究工作時，必須經常對其知識與概念的來源具有敏銳的反省能力，因此在從事天體力學、相對論、量子力學這種開新紀元的原創性工作時，科學家會進入一種哲學性的反思狀態，發揮其對神秘宇宙的想像。

但是，理論典範內部的演析是中性化、程式化的，科學家只注重既有假設與定理間的適用性，因此較易遺忘對社會與人文的關懷。至於發明家與實用技術人才，在從事技術創新的時候，更加容易忽略技術理論與存在世界的關係。在科學與技術的領域內，依循既有典範進行嚴密的邏輯演繹是一種常態。因此除非有外來刺激，否則在現實的資本主義運作機制下，科學與技術人才往往忙於技術的改良或適應市場需求，對人文價值的反思卻顯得蒼白而單向。

---

[1]　由科學哲學家孔恩（Thomas Kuhn, 1922-1996）提出。指任何的科學理論，都是科學社群成員共有的信仰、價值、技術所構成整體，能夠為這個整體的某一部分，提供問題解答或作為常態科學研究中的基礎稱之為典範。學者們要加入某一科學社群從事研究時，必須從其研究的典範着手，並要遵循相同的規則和程序。孔恩認為新的常態科學較之於舊，的確更具解謎能力，更重要的為典範之間是不可通約性（incommensurability）的，在一典範中視若無睹的現象，於另一典範中可能位居核心地位。相同的詞彙在不同典範裏也有截然不同的涵義。

現代科學的基本特徵是它的控制論，亦即技術的特性。科學技術正無遠弗屆地鑄造和操縱着世界整體的現象和人在其中的地位。任何一門知識都依賴於這種實效性來劃分它的對象領域，而知識被理解為操作系統。

現代人是一群擁有自然定律（governing laws）而沒有上帝的人，人們逐漸將駕馭自然宇宙的野心，轉變為要征服大自然的狂熱。我們把這種心態叫做「技術霸權」。

剛開始，技術霸權並不與人文精神為敵，而是與「迷信」和「落後」為敵。但是技術霸權心態所造成的人們對大自然的輕率與操控，卻在十九世紀激起浪漫主義文學與藝術強烈的反彈。文學與藝術開始對「科技」反感，嚴格地說，是指向「技術霸權」。

後來，以福特（Henry Ford, 1863-1947）命名的生產模式「福特主義」（Fordism）² 所帶動的資本主義生產邏輯，開始將技術分化，從而間接地將人分化，這更加深化了人文與技術霸

2　福特生產模式是指一套基於工業化和標準化大量生產與大量消費的經濟和社會體系。其中最重要的是生產流水線的採用，即所謂流水作業，它利用高度分工、專用的工具和設備，讓非熟練工人能合作生產成品。效率提高，工序變得精細但單調乏味，例如一個工人整天只負責上鏍絲釘。

權心態間的衝突，差利（Charles Chaplin, 1889-1977）在《摩登時代》（*Modern Times*）裏就已着力反諷技術分化的荒謬。另一方面，從十八世紀開始，科學逐漸與人文分工，並開始以機械論的方式看待生命現象。這也開始引發人文學者極端的憂心，雪萊夫人（Mary Shelley, 1797-1851）的《科學怪人》（*Frankenstein*）可算是這類關懷的代表作。自此，在文學家與藝術家眼中，科學家經常是粗鄙、玩忽自大的危險孩童。

科技世界塑造我們新的世界圖像。

（二）壓縮的新時空

科技引起的變化有許多層面，其中最原始的，就是我們對周遭環境的感受、感覺。過去，人們要花數周或數月才能到達的地方，現在坐飛機一夜之間就可以到了。早先人們要在數年之後才能了解到的或者根本就了解不到的事情，現在通過流動電話、互聯網，瞬間就可以知道了。植物的萌芽和生長，原先完全在季節的輪換中遮蔽着，現在人們卻可以通過電影在一分鐘內把它展示出來。透過電影，顯示出各種最古老文化的那些遙遠遺址，彷彿就在今天我們生活的街道中。此外，電影同時還展示出拍攝影片的攝影機及操作人員，由此證實了它所展

示的東西。電視達到了消除一切可能的遙遠距離的極致。人類在最短的時間內走過了最漫長的路程——把最長的距離拋在後面，而以最短的距離把一切都帶到自己面前。

當科學喪失其反省能力的時候，會把表象當作實體；奧地利邏輯學家葛特爾（Kurt Gödel, 1906-1978）已經證明：邏輯演繹不具有完備性，仍有人深信人工智能終將代替人腦，於是電影在電腦技術支援下，不斷創作未來世界的危機，而這更讓我們遺忘生命存在的奧秘。電腦與網絡的發展，恐怕只會愈益使人以假為真，以虛擬代替實在，從而模糊了我們對這個世界存在之意義與價值的認識。

（三）離不了電腦的成長模式

三十歲以上的人，至少曾經歷過沒有電腦的童年或少年時期，他們尚可意識到人際交往愈來愈疏離，但從幼稚園就開始接觸電視、電腦視像的一群，他們有機會反省嗎？

從年少開始便大量接觸電腦影像及互聯網的新一代，取之不竭的新資訊唾手可得，聯繫和認識朋友亦不必再依賴傳統的模式。溝通毋須彼此見面，手提電話普及化，讓人隨時隨地

得以與遠方親朋通話；視像電話的真實感，更可即時向對方展示自己的所見所聞。通訊工具的泛濫，使人們連聲音交談也可省掉。各種網上即時的通訊工具，讓人得以在網上虛擬世界無聲地溝通。我們能夠在同一時間與不同人際網絡中認識的朋友，甚至陌生人一對一交流。接上互聯網後，我們感到自身的交際網絡非常熱鬧，聊不盡的話題及取不盡的資訊令人樂而忘返；關上電腦後，身處的現實世界卻像繁華過後寂寞的城市一樣冷清。從面對面的聲音交談發展到網上聊天，人際溝通有了緩衝區。聊天工具、手機短信及電郵容許我們在「交談」前先過濾淨化所思所想，這讓我們與別人溝通時不再有從前的壓迫感，與別人交談接觸的速度可以由自己控制，以避免衝口而出或陷入彼此語塞的尷尬情況。通訊工具的發展愈發達，人與人便愈來愈走向疏離，我們對人性的內涵能有甚麼樣的認識與經驗呢？

（四）自然被數碼化掉

電腦與互聯網將使影像、聲音與文字資訊的複製、儲存、搜尋與創作更容易。但是，除非政府有深謀遠慮，否則網絡上的資訊傳播勢必徹底追隨資本主義的運作軌跡。

在科技的「新世界」中，「自然」的意含首先被數碼所竊據。我們的感官不再是感觸大自然的媒介，現代人對整個世界的認識，主要將是透過光纖網絡與電腦來獲得。毫不誇張地說，不只所有資訊將被數位化，人對整個世界的認識也將被數位化。許多兒童（乃至成人）所認識的雞或狗，將不是跑來跑去的動物，也不是養雞場中動彈不得的飼料雞，而是電子雞、按電腦程式「餵養」的寵物狗。整個自然將納入抽象的「數位濾波器」（digital filter）中：所有不能數位化的感通、交流內容，例如美感經驗，乃至人性的內涵，將被這無遠弗屆的龐大「數位濾波系統」所拒斥、過濾。

視像是數碼化的自然表現。視像不同於圖像，圖像是感覺性的、直接性的；人透過感官直接對自然作觀察所得到的印象，是最原初的感覺、感受。至於視像或影像卻是技術的重現，簡單地說，它們是一種複製品。

法蘭克福學派中的健將阿多諾（T. W. Adorno, 1903-1969）曾對現代的複製技術提出嚴肅的警告：當錄音技術與彩色印刷技術和資本主義運作的節奏相結合時，複製品的世界將逐步取代原創性的感覺世界，在人所能知覺的世界中，劣幣將驅逐良幣，最終造成美感的鈍化，以及對人性深層內涵的徹底遺忘。

自然科學與文學、藝術或更廣的人文科學之間正日益疏離，科技的發展難道注定要以摧毀人類的精神文明為代價？

　　藝術歷來體現人類對自然最敏銳的觀察，如今卻同樣被虛擬的資訊侵襲。錄製技術與彩色印刷技術的發達，使我們可以用有限的金錢，輕易買到品質還不錯的音樂與繪畫複製品。但是，當良莠不齊的複製品充斥市場時，連美術系的學生也可能會忽略原畫與畫冊間的差距，甚至以畫冊上的美術史，代換真實的美術史；而音樂系的學生，也可能以乾淨、剪接過的錄音，來掩飾現場演奏的雜音和演奏上的失誤。最值得爭議的不是原作與複製品的「身份」問題，而是超出複製技術之外的精緻美感之特質，從此將被絕大多數人遺忘；加上許多以複製品為依據所形成的龐大論述，因為較接近我們熟悉的複製品世界，而使我們忘記以感官來認識自然。

（五）人類不能明白的人工智能

　　達爾文的生命科學理論首先對象化了我們對「人」的想像，人就是平平常常的生物，是眾多生物之一；跟着的遺傳工程知識解構了生命的物質性，更深層的，它具有十九世紀歷史進化論的樂觀情調，相信人是可以「改造」至完美的。但文化

學者卻認為,「生命科學」與「人工智能」正以極狹隘的觀點,來扭曲我們對生命與人之主體性的認識。

「生命科學」把人的思想與靈魂簡化為腦部的生化——電磁反應,卻沒有警覺到它所能處理的只是生命的「表象」,而非其終極原因。假如大腦指揮身體,生化——電磁反應「指揮」大腦,那麼,是誰啟動了這些生化——電磁反應?生化——電磁反應究竟是「心智活動」本身,還是「心智活動」的外在徵兆?當生化——電磁反應停止的時候,「心智活動」本身也跟着停止嗎?生命科學這種化質歸量的思考模式,最大的盲點是把「生命現象」誤為「生命」本身。

但是,在「利之所趨」的情況下,生物科技早已不顧後果地深入惹人爭議的各種研究範疇。諸如:複製人、培植再生器官以延續一個人生物學意義上的生命,卻不顧及生命存在的豐富性。

2016 年被稱為「人工智能元年」,因為 AlphaGo 戰勝了李世石。

人工智能專家說這是信息行業從「算法＋處理器」為核心的計算架構,過渡到「算法＋數據＋處理器」為核心的架

構，其中數據成為產業的核心。這將開啟不確定性人工智能時代，人工智能給人類帶來的影響，將遠遠超過電腦和網際網絡在過去幾十年間已經對世界造成的改變。

圍棋是非常好的衡量人工智能的水平的標尺。圍棋設置本身就包含了邏輯推理、形象思維、優化選擇等多種能力，是全面智能的體現。圍棋是公認的人工智能長期以來的重大挑戰，而在圍棋上的突破，表示我們正處於人工智能爆發的重大轉折點。

過去，電腦在高速計算和算法的支持下，對數據進行有序的處理，其程式總歸是確定性的。但人工智能技術的發展，這一切變成了不確定性。

過去，電腦算法是圍繞 CPU 運轉，以算法作為程序的核心，數據只是輸入和輸出；而現在是算法和 CPU ／ GPU 圍繞數據運轉，算法和數據共同形成智能程序，形成以知識驅動的人工智能。[3]

3　參考李德毅：《不確定性人工智慧》，北京：國防工業出版社，2005年。李德毅是中國工程院院士、中國人工智慧學會理事長。

在大數據的多維度、多參數，再加上深度學習的卷積算法，讓輸入到輸出變成了不確定性的過程。就拿 AlphaGo 來說，即便它面對相同的場景和相同的人，它選擇的落子方案也有非常大的機率不相同。AlphaGo 的勝利讓我們對不確定性人工智能的強大有了更直觀的理解，AlphaGo 的方法論總結為：直覺獲取、搜索驗證、優化決策，這是未來人工智能的核心。

將來（很快的將來），人工智能也從實驗室產品滲透進入各行各業。相比網際網絡的虛擬化，人工智能對現實世界有了更多的介入：無人車、無人機、機器人、智能硬體等。它將會連結現實和虛擬世界。人類是否活得更幸福呢？

可是，從歷史教訓中，我們認識到一個弔詭之處：原來人類不斷遺忘歷史教訓，人類最易偏於潮流之一隅，以管窺豹，以至斷喪了存在的寬廣視野。中古時代，人只知道信仰高於理性，哲學是信仰的奴婢，但現代人同樣單向地追逐科學技術，我們又走向歷史一隅，自我封限；史蒂芬·霍金（Stephen Hawking）、伊隆·馬斯克（Elon Musk）、比爾·蓋茨（Bill Gates）等一些名人警告我們應加強關注超級人工智能可能帶來的危險後果，但是歷史的巨輪，人能夠對抗方便、進步的誘惑嗎？

二、消費文化症候群

科技霸權的下一步，就是我們熟悉的消費文化。

祈克果曾預言，由於削平，這時代的空虛感會不斷蔓延。但削平只是結果，其過程，在哲學上稱為主體性失落的迷茫。

人之失去主體性，大概有兩個模式：神權與物化。過去，神權代表一種迷信，迷信就是放棄清明的理性判斷，讓我們失去了思想的自由。神權結合禮教，成為思想的災害。

人類走向現代，表面上是進步了，但工業革命、現代化、消費卻加深了物化危機。只要商業全面操控着我們的生活，則人與物必然引生「質變」。首先，是人際關係的質變。商業社會講求的是人脈關係，以工具化的商機考量人的價值，這必然破壞人類情感的樸質性。現代的人際關係是店主與顧客，或生意對手，友誼代表了雙贏，亦預示着競爭，當鈔票成為決定人的價值與角色之關鍵，人際價值即被票面化。

關於消費主義的問題，有關論述已甚豐富，不待鋪排，但為了說明這個時代特有的空虛感，我們借用張北海的冷嘲熱諷：

我們只要走進一家大百貨公司或超級市場，即發現有太多的選擇。你不妨去任何一家專賣店，無論專賣咖啡豆，還是專賣領帶，除非你進店之前心中有數，否則，意志不堅定的話，那你多半抱着三種不同的咖啡，或兩條你日後必定繼續後悔的領帶而回⋯⋯

主要是因為這裏日常生活上有太多太多的選擇，我們才不時就要決定究竟選擇甚麼⋯⋯就是有這麼多選擇，非逼你作個決定不可，有時候會令你感到麻木，甚至於讓你感到威脅⋯⋯[4]

這就是消費文化的寫照。我們較以前的人享受到更多，試想，現代任何一個普通的家庭都能擁有各種電器產品，能很方便地到各地旅遊，我們的享受較以前的王侯富賈遠為豐盛。

我們的文化奠基在購買慾上，奠基在交易互惠的觀念上。現代人的快樂在於觀看店鋪櫥窗時的驚喜，在於心想事成式的購買行為。消費、交換所產生的興奮填補了內心的空虛。

英國哲學家穆爾（J. S. Mill, 1806-1873）指出了享樂主義的矛盾：我們愈是有意識地渴求快樂，便愈難得着快樂。為甚

4　張北海：《天空線下》，台北：麥田出版社，1995年，頁75。

麼？因為消費文化正大幅度提升我們對快樂的期望，期望愈大，失望愈大，所以香港人的快樂指數遠遠不及相對貧窮的菲律賓人，難怪香港青少年常掛在口邊的字是：悶。

在消費社會中，全民都競逐其慾望、追逐新奇；人不再注重生活情調，不再對大自然驚訝，不再感覺到存在問題，只注意「有甚麼」：「有」高尚的職業、「有」八位數字的存款、「有」歐洲名車、「有」無敵海景的豪宅⋯⋯

表面上看，我們擁有許多，我們成為擁有物的主人。可是，換一角度，當我們認為我們是某種對象的主人時，我們實際也就成為這個對象的奴隸。

存在主義者一早就反思：人一旦擁有太多東西，就會忽略內在自我。內在自我有個特點，如果你沒有付出，就很難得到成長；付出與得到是相互的。所以，在現代社會中，人們的一個特點就是恐懼失去。凡是集中心力去求「有」的人，必陷入患得患失的心理循環中，其人格變得被動。被動人格是心理學概念，就是一個不完整、欠缺主宰性的個體；他不再是自己的主人，他已喪失了自我。

喪失了自己的人，成為一個疏離的個體。這類人整日談

天說地，但沒有真實的感觸；其談論話題只圍繞「你擁有甚麼，我擁有甚麼」，炫耀、對比，總想超越別人、比別人擁有更多，卻不自覺內心的貧乏。

（一）消費塑造了可愛

每個人都渴望得到「愛」──被他人尊重、關注、讚美、支持，因此形成「自我形象」的問題，即是擔心在他人眼中自己是否成功，是否擁有財富、名望，是否聰明、強健……因為在勢利的社會裏，缺乏愛或被漠視，就會讓人感到憤怒和絕望。但在一個人際關係日漸疏離的社會，我們總是不能自我肯定，因此，別人對我們的看法就顯得很重要，亦即我們似乎必須要透過別人的眼光，才能看到自己。

人需要被愛，於是我們千方百計要使自己變得「可愛」。大部分的廣告都在宣傳一些吸引別人的裝備，如化妝品、瘦身藥品……

現代人對「可愛」（kawaii）的追求，目標就是要「贏得朋友及影響他人」。

在父權主導的社會中，男士和女士使用的吸引方法迥異。男士要變得成功，變得有權勢、有錢財、有地位。女士使用的方法屬於防禦性的，首先是使自己的外表有吸引力，比如刻意打扮、保養，考究穿着等等。她們認同的「可愛」，本質上只是「時尚」與「性感」的混合物。

另一些使自己有吸引力的方法是男女通用的，諸如培養良好的舉止、儀態、風度，有趣的談吐，能夠助人等等。

表面上看，現代人都懂得修飾自己，使自己有效地獲得他人的好感；可是人們並沒有留意如何培養自己的愛心，如何去實踐愛。

在感情方面，對男人來說，一個具有吸引力的女孩子是他所要追求的獎品；對女人來說，一個擁有身份、財富的男人亦如此。「有吸引力」，意思就是一份漂亮的包裝，裏面所包裝的是他或她所需要的品質（quality）；愛被對象化了。

（二）三個願望的新版本

文化研究者稱現時的社會形態為晚期的資本主義，它的

特色在於跨國企業的形成。

這些國際性的商業組織發明各種新的資金流動模式、消費模式，並結合新科技建構起一個綿密的商業系統，將個人零碎的消費行為網羅在這個系統之內，除非我們進入這個系統，否則很難消費。於是無國界或跨國界的商業模式統一起現代世界，構成一種新型的政治疆域，宰治着所有人。

依交易的原初意思，交易是一方付出被視為經濟等值的東西，自另一方獲取所需物品的一種供需活動，因此經濟交易乃建基於根本的物質需求，其項目不外日常生活的衣、食、住、行。但交易如何轉化為消費文化，此中則另有周折。

所以，各類消費宣傳只不過是助緣，消費文化的本源是人性中有求自立的需要。我們試看現代消費文化的象徵——信用卡，就會明白它的功能設計是多麼巧妙。信用卡首先將交易轉化為消費者的願望，然後由願望轉化為慾望，再由慾望轉化為消費習慣。

無論是電視廣告、雜誌廣告、銀行的宣傳品，還是街頭推廣，都在灌輸信用卡的憧憬給消費者，首先是他們以「免費」誘其辦理，如免息分期付款、免年費、送迎新禮品、送飛

行里數等等，以隱藏持有人未來的可能付出。

在童話故事中，神仙許給小朋友三個願望，瞬間即可變現他們心愛的東西，不過，最後還是教訓我們不要貪心⋯⋯但消費主義的新童話中有一個深層結構，就是鼓勵瞬間的滿足，一切都能「從心所欲」，卻不附帶「教訓」。瞬間滿足本來是兒童式的慾望本質，所以兒童很難有恆心儲蓄，儲錢未幾，就買了好吃的零食。同樣，人成長以後，偶爾看見一件美好的東西，仍會像兒童般，想立刻擁有，但因成年人要服從現實原則，過了一陣子，這種慾求會因現實限制而被沖淡。但信用卡的設計卻是前理性的，抓緊消費者這一閃而過的衝動。因此，日趨兒童化的成年人，自然無法抵禦信用卡的浪潮。

在消費社會中，不斷壓縮消費所需時間，讓消費者能從消費本身得到即時的滿足，但這些滿足並不能維持太久，否則生產商難以推出新產品── 這種滿足感消失得愈快，消費者便愈快遺忘舊貨品。消費社會是要人們學會遺忘，而不是記取。在消費文化下，消費不再是獲取物質的一個手段，其本身即具有價值，消費者能從中得到滿足。而這一點，就可以說明香港人喜歡「行街」的原因。

行街文化

　　廣告本來是一個創意工業，能使消費者產生共鳴及對產品留下深刻的印象，從而製造及提升消費者購買商品的慾望。但當廣告不斷蔓延，所有街道全被廣告媒體佔領，目的是希望將行人變成以購物為樂趣的消費者。街道本來只是過渡之所，讓行人通往另一個地方，現在卻變成了商品的展覽場、變成了購物村。

　　香港人是世界上最喜歡「行街」的族群，表面上逛商場是慾望至上，實際上大家在「行街」的時候，並不一定要買東西，而是在尋求慾望；消費者最恐懼的，是看到眼前再沒有可喚起慾望之物，或者發現商場沒有新意，再沒有甚麼「可看」。於是，商場要不斷翻新，將來來去去的店鋪調動位置，好讓行街者有耳目一新的錯覺。

（三）主體模糊化

　　著名的法國社會學家布希亞（Jean Baudrillard, 1929-2007）在《後現代拜物教》中指出，在高度奉行資本主義的社會裏，消費者的身份及地位是透過消費產品的符號價值獲得的，他們購買的並不是帶有功用價值的商品，而是消費商品背後所指涉的階級、品味及象徵意義。

例如，結婚戒指本身沒有功用價值，但其符號價值就遠高於其交換價值了。由此我們可以了解到，消費者的其中一個消費心態是自我的身份的建構。

法國心理學家拉康（Jacques Lacan, 1901-1981）的鏡像理論最能說明消費者的投射認同感。鏡像理論是分析人對自我形象的認同感；鏡像中的「我」介乎現實與想像之間，例如在外表上我明白自己不及一些明星，這是現實，但我又刻意打扮，想像自己的樣子是很美的，我們就活在這種現實與想像之中。

消費文化就是這種鏡像關係。雖然每個人都懂關心自己，以自己為中心，但是這種自我中心並不是真正的個體性。他們只是在鏡像中倒映着他人，說着大家慣用的語彙，客套寒暄，唯唯諾諾；觀看同樣的電視節目，談論某某歌星或明星的私生活，追求名牌，仰慕名流首富，崇拜偶像。

消費者好像按自己的個性去選擇穿戴名牌，從而向其他人展示或企圖展示「我是一個怎麼樣的人」，以反映自己的價值觀。我們利用消費來反映自己的品味或者建立自我的形象，將自我與其他人區分，打造自己的公眾身份和形象，實則鏡像中的倒影，並非真實的個人品味。

現代人各方面都講求品味，要懂得紅酒的年份，知道某某餐廳的拿手菜……將生活混入品味、潮流，以商品去劃分個人的品味。你去哪裏消遣、到哪些餐館用膳、穿哪一個品牌的鞋子，都決定了你有怎樣的品味，屬於哪一個圈子。所以，消費成為了品味的指標。但，諷刺的是，現代人的藝術觸覺卻十分貧乏，只是「高檔」的情調渲染。

升級版的網購消費文化

最早發展網購的美國，有不少知名網購網站，如亞馬遜（amazon.com），但論發展速度和普及性，中國早在 2010 年就超越了它。根據統計數據，中國的網購零售額佔全國總零售額達百分之五點五，而美國則是百分之五點一。

在中國，還有人把熱衷網購的新興消費者稱為「剁手黨」。受訪者都表示，拿手機瀏覽網購平台的頻率很高，只要坐下來沒事就瀏覽，翻着翻着就覺得還有好多東西要買。

BBC 中文網記者川江在 2016 年 9 月 23 日的一篇文章〈中國「新新人類」：10 萬群體一年網購 300 億〉報道，現時中國的消費者，在網上購物的金額佔了百分之八十以上。他們普遍信任網絡平台的評價體系，被推薦和自己平時購物習慣相近等級的店鋪和商品後，最終成交的比例達到百分之八九十。

「大家把我們稱為新新人類。因為我們的時間是碎片化

的，對我們來說網購是一種生活方式，不是因為便宜。」

受訪者承認網購會上癮。「網上消費和刷信用卡類似，不大關心具體金額。」她說。「我特別喜歡一段時間內在網上預訂很多商品，外出旅行再回到家時發現有很多包裹等着自己，覺得特別興奮，不需要工具就可以徒手把包裝撕掉。」

一位自稱擁有蘋果所有產品的受訪者則說，熱衷於更換充電寶的他在網上買了一百多件相關產品，因為「對手機充電要求非常苛刻」。

三、身份焦慮的普世化

古希臘哲人 Anaximander 說：人類注定要為他所取得的優勢付出補償，任何價值都有正反兩面。現代的精英主義提倡自由競爭，每個人都有機會出人頭地，但代價卻是身份認同危機。

阿倫・狄波頓（Alain de Botton）的《身份的焦慮》（*Status Anxiety*）風行一時，它以輕鬆易懂的方式來描繪現代人產生身份焦慮的根源，這本書 2004 年於英國出版後，至今已被翻譯成二十多種文字在世界各地出版。狄波頓以廣博的學識與獨特

的視角，幫助我們深入體會精英社會的優點與限制。[5]

通俗地說，「身份焦慮」即是發問「我是誰？」，但問題來了，為何現代人特別敏感於此問題？這引發狄波頓從社會、歷史發展的角度剖析問題的根源。他直指工業革命是「禍首」，因為工業革命帶來社會與個人前所未有的變化。

他首先分析「身份地位」（status）的本源：「身份地位指一個人在社會裏的位置、境況。狹義而言，是指個人在團體中的法律身份或職業身份。廣義而言，是指個人在世人眼中的價值與重要性。」

狄波頓借意將愛情分為「上、下集」，表示身份焦慮的原因有兩方面，一為內在原因，涉及人性與愛的關係；另一個為社會發展的因素，其中更涉及精英主義的出現。

《身份的焦慮》第一章第一節探討的正是〈愛的缺如〉

5　狄波頓自1993年出版《我談的那場戀愛》後，即廣受好評，喜歡看書的讀者對他應該不陌生。他陸續出版的《愛上浪漫》、《吻了再說》、《擁抱似水年華》與《哲學的慰藉》，以情景、視象、比喻等新的方式來表達深奧的哲學，這種寫作方式反映了他積極回應現代人的閱讀習慣的創作立場，我們可以在YouTube「看到」他的陳述。

（Lovelessness）。狄波頓指出：「每一個成年人的生活可以說包含着兩個關於愛的故事。」[6]

（一）愛的故事上集

現代社會中，每個人都在渴求身份，我們不要從外在的名牌現象來解釋之，無論是乞丐還是富翁，尤其是在等級差別日益懸殊的今天。狄波頓把現代人對身份、地位的渴求還原為我們對愛的需求；亦即我們苦苦追求身份、地位、名利、權勢，為的就是希望被愛。

狄波頓設計了一個場景來說明此觀點：當你走進一個房間，你會希望房間裏的人放下手邊的工作看看你、應酬你；你就算不能成為那個房間的主角，也絕對不希望被完全忽視、漠視。也就是說，你不會願意當你走進一個房間時，沒有一個人理會你。

美國哲學家威廉·詹姆斯（William James, 1842-1910）有

6　《身份的焦慮》，阿蘭·德波頓著，陳廣興、南治國譯，上海：上海譯文出版社，2007年，頁6。

一道著名的公式：

自尊的對比值＝實際的成就＋對自己的期待

　　自尊或自信其實是在對比中確立，我們對自己的期待提高一級，感受羞辱的可能性就會增加一分，而我們的「幸福指數」也會下降一分。法國大革命的啟蒙者盧梭曾說：財富並不等於我們佔有多少，而是擁有多少我們渴望得到的東西。而上述公式也隱含了兩種提升自尊的策略：取得更多成就、降低對自己的期望。

　　我們可以設身處地想一想：如果有一份職業，要求長年駐紮在外，每日飲食、睡眠均受嚴格控制，並隨時有生命危險，你會選擇這份工作嗎？這是一種理想的職業嗎？

　　當然不很理想，它甚至是一種痛苦的職業。奇怪的是，現實的確有如此的職業，而我們會敬重以至歌頌選擇這種職業的人。例如進入太空，為甚麼不少人的童年夢想都是成為太空人？為甚麼世界上有這麼多人前仆後繼選擇當太空人？

　　對此現象，阿倫・狄波頓嘗試解釋：「只要不覺得羞辱，人完全可以長期過着艱苦的生活而毫無怨言，如士兵和探險

家⋯⋯為甚麼會這樣呢？因為他們清楚自己受到他人的尊重。」對，就是尊重，令人可以熬過艱苦的生活。最令人痛苦的不是物質條件的匱乏，而是失去生存的尊嚴。所謂尊嚴，其實不是甚麼神秘的東西，只要能夠得到他人肯定、能夠活出自我，那麼即使物質條件不算好，生活還是會讓人覺得有意義、有價值。

自我與他者構成社會的共在關係。這種共在關係使我們活在彼此認同的對比中；而真正的我是甚麼，並沒有機會去發掘。於是，「我」變成一個浮標，永遠要依靠他人來反映。我們害怕與別人有差異，力求合乎社會的規範。當我們與他人商討問題時，有時贊成，有時反對，有時卻為了緩和自己與他人的差別。又有時我們會覺得落後於別人，就千方百計要迎頭趕上；而一旦超過了別人，更會無端地壓制他人，好像一種報復心理。

我與他人互相模仿，逐漸形成所謂的潮流。他人怎樣享受，我們跟隨着怎樣享受；他人對事物有怎樣的看法，我們跟隨着他人的看法；甚至他人如何以自我為中心，我們也跟着以自我為中心。潮流永遠旋轉着，你我漸漸失去了選擇能力。

---

7 《身份的焦慮》，頁4。

當大家共同聚焦於某人或某 KOL，無形中就將這個「他人」抬高，使他變成大家的發言人，甚至成為其他人的號令者和統治者。於是，各人就失去其個體的差別，變成了「大眾」、「人民」、「粉絲」。他們的情緒反應，更直接地抄襲他們共同的偶像，連行為方式都被統一起來。「我」好像無聲無息地消融於集體之中；我們活在一種「齊一」、「平均」之中，沒有了你和我。

「身份焦慮」的弔詭之處在於，到底自我價值是源於自我肯定，還是源於他人的肯定？純粹依靠自我的人會變得遺世獨立，完全依靠他人的人會變得隨波逐流。但真正的價值的產生不是這樣，它會在你我的交流中產生。這種交流，通俗地說就叫「愛」。這是狄波頓的理論最精巧之處。

(二) 愛的故事下集

「愛的故事下集」換上另一角度，從社會的發展來說明現代人身份焦慮的成因。

工業革命影響了社會階段的流動性，以往劃分了貴族和平民的農業社會，被工業社會取代，貴族的世襲制度不再存在，

自由職業得到社會容許。於是，我們生活在一個自由的年代：職業自由、婚姻自由、信仰自由、出入自由……這在以前的傳統農業社會是無法想像的。人們可以按能力選擇自己的職業，各展所長，原本封閉的社會階層，現在發生了重大的變化。

精英社會制度進步之處，是盡量把外在因素的影響減至最低，讓每個人起碼站在相近的起跑線上，比方說享有基本的教育、擁有選舉權等，這樣每個人都有機會發展自己的能力，最終推動社會進步。進步的標誌在於大家擁有更多的資源、自由、空間、生活享受、時間；更為重要的，是人們可以受到別人的關愛與珍視。

精英主義是一個「比較」的遊戲，白手興家和通過競爭的人士被社會標榜為當代的「成功人士」，參與競爭的人數增加，精英脫穎而出；但同時，在競爭中失敗的人亦相對增加，這些「失敗者」被貼上「平凡」甚至「能力不足」的標籤，其自我形象變得負面。社會持續鼓吹成功的重要性，令「成功人士」力求保存社會給予的名譽和尊重。精英主義的特殊效應是自我增值，工餘進修、考取文憑以取得專業資格，不斷鞭策自己、力爭上游；但是，成功者永遠只能屬於小部分，在這個汰弱留強的遊戲規則下，大多數人淪為成功者的陪襯品，「失敗者」的社會形象不斷被踐踏，自我形象每況愈下。

精英主義

「精英主義」（Meritocracy）1958年被一位名為 Michael Young 的學者在其著作 *The Rise of the Meritocracy, 1870 - 2033 : An Essay on Education and Equality* 中首先提出。而現代的「精英主義」，則由哈佛大學的心理學家 Richard Herrnstein 在其著作 *I.Q. in the Meritocracy* 中作了明確界定：

> 精英主義是指以某人潛在或顯露的能力，來客觀地決定該人的職業分配及升遷⋯⋯精英主義是一個分配機制，它按照人的實際能力、過往表現、成就、優點及價值來決定該人的社經地位（*socio-economic status*）。

但「精英」的準則並沒有絕對的界定，這個準則其實是因時而異的。比如，在軍隊裏，勇敢、忠心、果斷、善於戰鬥等都是成為「精英」所需的條件。而在現代商業社會中，勤勞、聰明、良好的溝通能力、領導才能等則是成為「精英」的因素。在精英主義機制中，成就較高的人將會得到較高的回報或獎賞，這些回報或獎賞包括較高的薪酬，或較高的社會地位等。

現代，我們的確活在相對平等的社會中，但既然有史以

來，絕對平等的現象從未發生，那麼人對自己身份的焦慮也就從未消亡。而在現代社會中，商品的豐富及貧富的兩極分化，更強化了身份的焦慮。

狄波頓反溯歷史，發現傳統的貧富觀與現代的很不一樣：

傳統的貧富觀：

第一種：人之所以貧窮，錯不在自己，窮人也是對社會有用的人；

第二種：地位低下並不代表道德低下；

第三種：富人是罪惡、腐敗的，其財富皆是掠奪窮人得來的。

西方的傳統價值觀受到基督教影響，富人要進入天國，好比要駱駝穿過針孔；有一點很有趣，十六世紀基督教地區曾流行的「空虛藝術」繪畫，強調此類「離世」思考。在表現空虛藝術的畫中，骷髏頭骨、沙漏（象徵時間的無常）和鮮花、桂冠、錢幣共處，暗示尋歡作樂和榮華富貴，都受制於死神的威脅。這種思想與基督教的道德觀有密切關係，所以富有並不表示絕對的價值。

如今，我們活在倡導精英主義的社會氛圍下，人們對貧

富的理解，較之傳統觀念，則是完全不同的：

現代的貧富觀：

第一種：富人是精明、進取的，他們懂得把握機會；

第二種：人的地位高低是其競爭的結果，適者生存是硬道理；

第三種：貧窮因人的愚蠢所致，他們是失敗者。

在現代社會中，我們的生活品質被前所未有地提高了，我們看起來更加富有。但發達的媒介傳播刺激了人們無限的慾望，也引導形成了社會對於成功人士的判斷標準，令整個社會充溢着「精英崇拜」的情緒。結果是大家被包裹在不斷對比的環境當中，被身邊「勢利小人」的勢利眼神評判，自己也成為「勢利的人」。

更不幸的是，窮人竟比富人更加熱衷崇尚精英主義，因為精英主義的存在，為經濟上的弱勢社群提供一個可供想像的未來：有朝一日，他們可能會成為思想上、知識上的強勢者，進而成為社會新貴。

比如，社會上眾多的能力考試便提供給窮人這樣的想像：努力可以改善自己的生活和社會地位。但這也導致更麻煩的問

題出現：沒有做好社會福利的政府有藉口指稱，現時社會提供給每個人的機會是均等的，個人的墮落是能力不足所致。而這種藉口，完全忽視了窮人在各方面所獲得的資源不均等。

精英主義思想雖然能推動社會進步，但最大代價是犧牲所有人的心理平衡素質。失敗者的自我形象固然低落；而成功的精英，特別是在高度發展的金融社會中的精英，他們的快樂指數亦普遍偏低。原因在於這類人的自信心、生活素質雖然較高，可是內心必須時常警惕「後有來者」，怕被他人超越，因此在激烈的辦公室鬥爭之餘，成功「上位」者亦往往得不償失，因此現代社會不自覺地走入雙輸的格局，整個社會到處都是「殘存者」（survivors）。

（三）精英主義的後遺症

1. **標籤化**

社會大眾會以一個人畢業於哪間學校、是哪一階層、所用物品的品牌等外在表象來判斷該人的能力，結果人的價值被這些「標籤」所定義。標籤化會令原來有能力卻被錯誤標籤的人感到氣餒和不忿，因為他們的能力被別人忽視而得不到發揮，其付出和回報不成正比，

漸漸便失去了努力的動力。一個壞的標籤恍如向一個人判「心理死刑」，這較貴族社會的身份命定更讓人沉重，由此產生了現代人的挫敗感問題，它亦成為身份焦慮的病灶。

2. 盲目地追求身份

精英主義既然促使標籤化效應，那麼人們自然希望得到一個「好標籤」，以讓自己能在社會的競賽中佔到優勢，而大家慣用標籤看人，因為要得知一個人的能力所需的時間，遠比分辨一個「好標籤」來得久；於是，得知你住在半山豪宅區，一定比另一位無殼蝸牛更有能力、更有辦法。

漸漸地，大家就會把心力、時間放在追求「好標籤」，反而忽略去發展自己潛在的能力、追求自我的理想。

3. 不問過程，只計結果

精英主義的倡導，導致學校或公司只重視學生或僱員所得的結果（outcome）——學生須有優秀的成績、僱員須有良好的業績——卻忽略了他們在學習或工作過程中的所得。這種「不問過程，只問結果」的現象往往導致將事情本末倒置，人們甚至不擇手段地去獲得所謂的「結果」。

教育現象最易反映這種盲目追求。公開試便成了生死關，並催化了補習文化。補習社的「精讀班」抱着「摘＊」目標，花大量時間教授學生操練歷屆試題，卻忽視知識的基本概念，「因為考試唔會出」。不少家長為求子女入讀名校，不惜費盡心機為其安排大量課外活動、服務，以「充實」子女的履歷表；或大費周章地搬遷到名校區，以提高子女入讀名校的機會；有的人甚至鋌而走險，花錢賄賂負責面試的老師，希望對方可以為自己的子女「放行」。

4. 挫敗感增加

「雙失青年」是因精英主義社會文化而產生的，「雙失」指失學及失業。傳媒及社會在評論雙失青年時，多是以責備的論調，指責他們無心向學，終日遊手好閒，並且懶惰頹廢，不願自力更生等。在主流觀點及傳媒的渲染下，一個人只要因為成績差而不能升學，又找不到工作，就會被標籤為雙失青年。在社會人士眼中，雙失青年的出現完全是青年人本身的素質所致，與教育升學、社會制度、政府方針無關。

現實中有不少年輕人的確曾努力讀書，但因為能力和天資所限或不適應這種強記式的教育模式而無緣升學；當

他們想投身社會工作時，又因為學歷不足而無人聘請。他們可能有所付出，但卻一無所獲；更可悲的是，奮鬥者和一班真正無心努力的年輕人一併被標籤為雙失青年。

以前的父母可能會說：「讀書可以增加學識，提升個人修養，將來能明辨是非，貢獻社會。」現在的父母則喜歡說：「你不好好讀書，將來就要在麥當勞工作，人工低工時長。」這些看似鼓勵的話，其實更加「打沉」迷惘中的青年。前路茫茫，他們又難承失敗，便很容易產生「不願有我」的絕望感。

那麼，失敗者該如何自保呢？現代人會沉迷於一些電腦線上遊戲（這一點，詳見下章「拒絕成長的『孩子』」），在線上遊戲中，玩家的真實身份被遊戲中的虛擬身份取代，自我得以暫時抽離現實生活，從而忘記挫敗感。他們寧願花大量金錢和時間在遊戲世界中，以換取遊戲角色「升級」及取得高等武器，這些武器使他們的角色強於其他普通玩家的角色，而「高手」就透過擊敗其他玩家來獲得自信。

四、活在輕不着地的困境

身份焦慮形成了之後，會怎樣？我們須請教對社會文化敏銳的文學家。捷克的文學家米蘭‧昆德拉（Milan Kundera）解釋道：在這時代，我們像得了一種「怪病」，就是得到很多外在的物質，內心卻喪失了很多基本信念，只充塞對物質永無止境的追求。這種怪病稱為「虛無」。擁有的物質愈富足，我們理應愈順心，但事實卻並非如此。

反過來追問，我們活着是為了甚麼？人又是甚麼？這是很普遍卻又難以解答的哲學問題，源於我們心底裏、骨子中滋長出來的焦慮感。我們各人對生命都有所冀盼，但往往又不知其所指為何。

這種虛無來自現代社會，源於現今生活：甚麼都太快、太容易得到……我們只能在虛無的時空活着，我們甚麼事情也掌握不了，—如飄飄搖搖地站立於虛無的邊沿。

（一）輕與重

米蘭‧昆德拉在其成名作《生命中不能承受的輕》

（*Unbearable of Lightness of Being*）中提問：究竟，甚麼樣的特質最符合現代人類境況？是「重」，還是「輕」？嚴肅要到何處才會讓位給輕？輕又要到何處才會回歸莊嚴呢？

現代人並非活在生活的重擔下，而是活在「輕」之中，輕是有種兩腳無法着地的感覺：

最沉重的負擔同時也是最激烈的生命實現的形象。負擔愈沉重，我們的生命就愈貼近地面，生命也就愈寫實也愈真實。相反的，完全沒有負擔會讓人的存在變得比空氣還輕，會讓人的存在飛起，遠離地面，遠離人世的存在，變得只是似真非真，一切動作都變得自由自在，卻又無足輕重。相反，完全沒有負擔，人變得比大氣還輕，會高高地飛起，離別大地亦即離別真實的生活。他將變得似真非真，自由的選擇變得毫無意義。

當後現代主義把真理瓦解成相對的，甚麼都可能的時候，昆德拉把輕不着地指向這時代特有的「無意義」。一個普通人會因為各種因素做出無意義的行為，可能是因為面子，也可能是因為人情，不得不為之。這些行為在歷史或社會角度看起來是無意義的、是錯誤的，但他在那一剎那的確需要那樣做。而這些行為，沒有任何理論和哲學可以解釋。在他的作品裏，不必特地去批判政權，他的人物身處特定的歷史情境，自

然而然就會反映歷史。在無窮無盡的歷史之「重」之下，我們不能承受的、不能理解的，反而是普通人們日常生活的輕。

一百多年前，尼采宣稱「上帝已死」，沒有上帝信仰的現代人將步入虛無。這種「虛無的危機」，就是人類滿足於現狀而不思考自己曾做過些甚麼、還可以做些甚麼；得過且過，倉促地活着，不斷上網、通電話，這些行為本是極不負責任的，卻被美其名曰「自由」。

關鍵在於，現代人提倡的價值，如自由、平等、道德責任、自我、理性共識等，實已被人們誤解，人們變得自我瞞騙、自以為是，以唯我中心的方式來評價事物。獨尊後的自我缺少文化的滋養，人得面對內心的虛無、懷疑、悲觀，我們似乎討厭偽善、庸俗，卻又須投入潮流之中。這就是本章所說的輕不着地的感覺。

「輕不着地」滲入生活的各個角落。比如，我們不斷透過智能電話與人傳送訊息，在 Facebook 留言，其實大家總是泛泛而為，不斷給予評論；他們爭相議論，不會讓評論停頓，卻無法領會包容的可貴。

人一旦將語言視為工具，作為互相認同的手段，就不得

不把自己所說的東西納入共同理解的東西中去，不知不覺中就把自己真正探求而想表達的東西掩蓋掉，成了閒聊、閒話。

從前，我們以「階級」來定位自己，例如在傳統中國社會中，人們以五倫（君臣、父子、兄弟、夫婦及朋友）為自己定位，身份的重擔無法推卸，故曰任重道遠。人倫關係、社會責任本是異常沉重的，各種感覺，諸如痛苦、喜悅、仇恨、感激，令我們被沉重地壓倒了，它們亦成為生命中以為不可磨滅的傷痕。可是，米蘭·昆德拉引申尼采的「永劫回歸」說，他認為一次性的人生，因為只在瞬間存在過，因而就好像不曾存在似的，只要已發生過的某件事不再回歸、不再發生，這一切就都只成為一段淡薄的回憶，彷彿從沒有發生，既重而輕，不在生命中留下一點痕跡，而這正是潮流文化的寫照。

這種「輕得如此的重」的現象，在現實中不斷荒謬地重現。比如日本侵華、九一八事變、南京大屠殺，段段史實透過影帶、照片及文字重現於現世人的眼前，那種民族性的憤恨曾經壓在不少人的肩膀上，沉甸甸的。可是，當它變為歷史，離我們愈遠，這種恥辱感便彷彿會由沉重漸趨輕渺。每到它的紀念日，除了官方式的追悼與零星的抗議，還有誰會把它刻在心裏？這種可怕的寬恕，是道德的墮落，卻又是不容置疑的事實；這種輕極其可怕，是叫人不能承受卻又承受着的輕。

（二）生命的一次性

　　美國詩人弗羅斯特（Robert Frost, 1874-1963）的〈一條沒有走的路〉，寫一個人在樹林中遇上了兩條小路，分別通向不同的地方。這人很想兩條路都試探一下，他對自己說先試走一條人煙稀少的路，回頭再試走另一條。結果是簡單的，他選定了一條之後，還會遇上別的兩條分岔的路，甚至更多的路，再想回頭走當初的另一條路已是不可能的了。當初在兩條小路之間的選擇也許不是很關鍵，但這一選擇的重要性，在於它深刻地影響了這個人以後所要走的道路，他一生的經歷可能會因選擇不同的路而完全不同。

"The Road Not Taken"

〈一條沒有走的路〉

Two roads diverged in a yellow wood,

黃樹林裏有兩條岔路，

And sorry I could not travel both,

遺憾的是，身為一位旅人

And be one traveler, long I stood.

我無法分身同時踏上兩條路。

And looked down one as far as I could,

我佇足，久久望穿其中一條路，

To where it bent in the undergrowth;

它的盡頭彎入了樹林深處；

Then took the other, as just as fair,

而後，我踏上另一條一樣好的路，

And having perhaps the better claim,

也許它能給我更好的選擇理由，

Because it was grassy and wanted wear;

因為那兒野草繁茂，邀人踏覆；

Though as for that the passing there;

但就這點來說，事實上兩條路

Had worn them really about the same,

被踩踏的情況幾乎一模一樣，

And both that morning equally lay,

這兩條路於那日清晨同樣地，

In leaves no step had trodden black.

躺臥於無人踐踏的落葉裏。

Oh, I kept the first for another day!

啊，另一條路留着改天再走吧！

Yet knowing how way leads on to way,

但我明白，路是無止盡的接續下去，

I doubted if I should ever come back.

我並不認為自己會重返此地。

I shall be telling this with a sigh,

我會在某處，許久許久之後，

Somewhere ages and ages hence:

歎口氣，這麼說：

Two roads diverged in a wood, and I—

黃樹林裏有兩條岔路，而我 ——

I took the one less traveled by,

我選了一條較少人走過的路，

And that has made all the difference.

而這讓一切變得如此不同。

（Robert Frost／紫蓉　譯）

　　人生最豐富、最生動的剎那也許就在那猶豫徘徊的片刻，那是生命中懸而未決的時刻。這種猶豫絕不表示優柔寡斷，而是在體味人生的豐富性和多種可能性。那麼，像弗羅斯特和昆德拉這樣的作家之所以與常人不同，也許就在於他們面臨岔路的時候，比別人佇足的時間更長，他們生活在對可能性的多重

想像中。這就是存在本身的一個維度，即可能性的維度。

米蘭‧昆德拉在《生命中不能承受的輕》中透過托馬斯的經歷所貫穿的主題正說明了「一次性」的含義：「人類生命只有一次，我們不能測定我們的決策孰好孰壞，原因就是在一個給定的情境中，我們只能作一個決定，我們沒有被賦予第二次、第三次或第四次生命來比較各種各樣的決斷。」從這個意義上看，文學史上那個最經典的猶豫，即哈姆雷特的猶豫，可以得到更深刻的解釋：這種猶豫不僅是其性格所致，更因為在一個給定的情境中，哈姆雷特只能作出一個抉擇，他必須為自己的最終決斷，即這種一次性的、不可挽回的決斷負責。

昆德拉的思考就是：在沒有永劫回歸的世界，人的生命只有一次，那麼，人存在的意義是甚麼？哈姆雷特著名的獨白「To be, or not to be」，探討的正是這個問題，或是現代人可以挽救自己的地方。他給我們的啟示，在於他是以選擇的「可能性」對抗命運的被給定的一次性。生命固然只有一次，但人在各種關頭面臨的選擇，卻具有多重的可能性。所以昆德拉把存在看成人的可能的場所，從而使可能性變成理解人的生存與存在的重要維度。沒有可能性這一維度，人就是機械的、別無選擇的，一切都是規定好了的，只有一條路可走。而事實上，我們每天都在和潛在的可能性打交道。

拒絕成長的「孩子」

愛之味亡的下

Being Shota

二一篇

在第一章，我們分析了現代社會的背景特徵。現代社會的特徵是工業化，工業革命帶來了繁榮、俗世生活，人與人的交往頻密化，同時亦帶來罪惡的多樣化、心理疾病複雜化。其中，本章希望集中討論經濟的高速發展導致的褓姆社會問題。這一代的青年似乎特別害怕成長，因為成長會帶來許多焦慮，所以我們稱這一世代的人，不一定是年輕人，普遍都患上了「拒絕成長症」。

要了解這個時代年輕人的心態，有一點須注意，就是 teenage 這概念。Teenage 譯作青少年，因為英文數字十三至十九的尾根是 teen，於是將十三歲至十九歲的青少年稱為 teenager。不過，對現代年輕人的界定似乎可擴大外延，即使是二十五歲、三十五歲的成人，仍然有很多在眷戀童年時收集的超人、芭比。這個社會中，到處都是大孩子。

我們渴望成長獨立，但又害怕未來的不確定性，徘徊兩者之間，每一階段自有其不安的處境：少女在失貞時的忐忑不安；少年十五二十時初嘗愛情的患得患失；決定遠行時的百感交集；學生畢業面對進入社會的不確定性；成年人對同輩突然離世之同途感……但是，這時代特有的焦慮，卻是不願長大。

經濟騰飛加劇了家庭結構的轉型，父母離異、科技霸

權、消費主義……導致年輕人在第一階段的成長中，已顯得有點先天不足；接着，他們又帶着尚未裝備好的性格進入社會工作，以至形成了佛洛姆（Erich Fromm, 1900-1980）所謂的被動人格（passive personality）。被動人格的特點是普遍缺乏責任感及面對壓力的能力。當然，我們要申明，這個時代的青年並非一無是處，他們比較感性，容易體會別人的難處，所以重友情、重互相支援。

首先，讓我們理解愛與成長有甚麼關係。

一、成長是一次冒險

成長是一次冒險，兒童很可能在成長的過程中踏入愛的「誤區」，所以成長是人生第一次的歷險。

佛洛姆的《愛的藝術》（*Art of Loving*）是一本探討愛的經典著作。他對愛的基本定義是：愛就是人生命中一種積極的主動力量，這種力量能突破人我隔離的牆堵，把人我結合起來。

佛洛姆是一位德國學者，其研究介於心理學與哲學之間。他在壯年經歷了希特拉的極權主義折磨，對戰爭、文化混

亂、現代人的空虛感體會至深，一生都在試圖診斷現代文明給人造成的病態心理，是一位人道主義者。

愛是一種體會。佛洛姆說：讓我們試從生活體驗想，我們都曾有過被隔離的經驗，人一旦處於隔離狀態，即感到陷入癱瘓之中，將會產生一種乏力感，好像無法主動地抓住世界上的人和物；它意味着世界可以進犯我，但我無力對抗，因此隔離感是人內心產生強烈不安的根源。於是，人們千方百計地奮鬥，以掙脫隔離，達成結合，超越自己的個人生命從而找到合一。而世界上有一種神秘的力量── 愛，就是這種積極主動的力量，讓人們突破那隔離人我的牆堵，把自己與他人結合起來；愛讓我們掙脫孤立與隔離狀態，我們可以重新掌握自我的力量，我們都追求愛。

（一）母子的共生結構

佛洛姆提出著名的共生結構（symbiotic union）理論，「愛」並非一物，它從生育的關係中「發生」：

嬰兒在母體內孕育，本身就是一種共生結合的現象。生物延續，懷孕的母親和胎兒是二又是一，二者形成微妙的關係。

胎兒是母親的一部分，從母親那裏得到一切所需：從嬰兒的角度看，母親給養他、保護他，可說是他的整個世界；母親能生育，這讓她產生最直接的自我延續感，她從自己的體內感受到生命的發生，顯示了她可以保存自我的完整性，他們互相需要，故為共生。

　　對於嬰兒來說，「我」的界限非常模糊、有限：他只覺得自己與母親是一體的，只要母親在身邊，他就沒有被隔離感；母親的乳房與肌膚掃除了他的孤獨感，嬰兒完全活在自我沉醉中。但母親的心境就有所不同，她已經是有自我意識的個體，她的感覺是複合的：她既滿足於嬰兒在懷中的合一感，但同時開始意識到他們是一亦是二的關係，她有可能失去這種統一性，所以內心會隱約透出一種失落感。女性從生育中體會因共生結構所產生的統一感，但佛洛姆認為，愛雖由共生結構而萌發，但並不表示愛就此得到完成。愛只有在人生的漫漫途程中，不斷經歷，不斷修補，才得以充分的證成。

　　嬰兒自呱呱墜地、脫離母胎，便開始成為一個獨立的個體。但是在功能上，嬰孩仍然缺乏獨立性，仍處於無識無知的狀態——不能辨認物體，也不能察覺到自己和外在世界的分別，其心理狀態與降生之前幾乎是一樣的。這時，與其最親近的「他者」是溫暖與食物，而母體就是溫暖、就是食物、就是

滿足與安全的安樂狀態。

依佛洛伊德（Sigmund Freud）的用語，嬰兒正處於一種自我陶醉狀態（self-infatuation），以為自己就是世界的中心，自我感覺良好。這是愛給予人類最原始的統合感，人成長後，就逐漸失去了它。其實，我們終生都在以不同的方式，希望重新尋獲這種統合感，愛卻以不同的表象呈現：初民投向偶像崇拜、動物崇拜，後來社會出現了，人類卻不斷以軍事手段，瘋狂地擴張國土，奢侈放縱；宗教提倡禁慾捨棄，或殉教，以表示對神的奉獻之心；哲學倡導追求精神的昇華，將小我消除於大我之中，或為了藝術創造而追尋絕對的完美；商業社會則凡事強調效益，人們忙於攫取無盡的金錢利祿。種種現象背後，都顯示出人類不能停滯於被隔離的狀態，而是不斷有所追求，希望重拾失去母體的統合感。

（二）失去母體的破裂感

生命必須成長、獨立，所以原始的共生結構是注定會破裂的。又人類的成長隔閡感特別強，動物的成長是肢體性的，出生後一兩小時，小牛、小馬就能夠站起來，基本上，牠若能夠獨立覓食，即算成長；偏偏人這種擁有高度想像力的生

物，肢體上的成長特別漫長，原因是由於人類在生物演化，偶然地選擇了發展思維，生物稱之為進化策略的選擇（selective attention），於是大腦體積最大，並且是直立起來，空出雙手來創造工具，雖然女性的盤骨已經較寬，始終是有限度的，於是人類只能在「早產」的情況下出生，早產的嬰兒特別需要照顧，成長而依賴母體成為必要條件，所以共生結構對人類來說特別重要。

隨着心智的發展，嬰孩慢慢開始能分辨自我與他者，明白母親及其他事物是與他本身分離的個體，他開始有了「我」。在這個微妙的演化過程中，起始點是非常生理性的，即嬰兒開始用手抓握目的物及控制事物。嬰兒透過自己的肢體行為，感到外面的世界並非隨心所欲，或者單純可以用哭聲來遙控，他必須付出努力。自我意識初次因外在的阻力而隱約浮現。

他開始要離開「主觀」的苦與樂感受來對待世界，哭與笑終是被動的，他需要以外物本身的樣子來認識外物：被餵飽的滿足狀態與乳頭有了分別，乳房與母親有了分別，知道它們是不同的單元。他學到許許多多東西是不同的，各自具有其自身的存在。在這個階段，他學到要給它們起名字。同時他也學到這些東西與他的對待關係：火是燙且會令人痛苦的，母親讓人感到溫暖、舒服，木頭是硬而沉重的，紙很輕、可以撕碎。他

更學會了如何控御大人的反應：當我笑的時候，母親會笑；當我哭的時候，她會把我抱進懷中；當我大便的時候，她會誇獎我……所有這些零碎經驗結晶為一個整體經驗：我是被愛的。我被愛，因為我是母親的孩子；我被愛，因為我是無助的；我被愛，因為我好看，讓人喜歡；我被愛，因為母親需要我。

被母親愛對嬰孩來說是最大的幸福，這種愛毋須去爭取，它是無條件的（宗教的愛就有這種特質）。但母愛亦具有限制，它不僅不需獲得，也不能夠去贏取，即嬰孩不能用自己的能力使它產生出來。當母愛在時，嬰孩覺得自己獲得了人間最大的幸福；但當它不存在時，一切美善將瞬間從其生命中消失。對嬰孩來說，失去母愛讓他開始感受到存在的危機。

（三）*鏡像理論*

嬰兒成長為兒童後，其身體、情緒與精神方面日益統一，更重要的是，他能夠有效地控制自己的肢體活動。能夠控制肢體是嬰孩成長為兒童的分水嶺。

兒童能操控肢體，表示一個由個人意志及理性引導的、有組織的主體正日漸發展。小孩從第一次離開家庭，踏入幼稚

圍，便開始意識到自己的存在對於別人來說，並非自己想像中那麼重要，他只是眾人中的一份子。他開始對自我的存在產生疑問，產生了前所未有的恐懼感。為了抹殺這種令人痛苦的感覺，他會不斷嘗試尋找解決方式。

絕大部分兒童，在八歲到十歲之前，他們的問題幾乎完全是被愛的問題。每當他們感到不安，要求成人多給予一些關懷，卻發覺成人忽略他們，這讓他們感到失望。這個年齡的兒童還不知怎樣主動去愛，他們只懂得以回謝的、歡欣的態度來回應別人對自己的愛。漸漸地，隨着他們能控制自己的肢體運動，一種新的情感萌生，他想用自己的行為來引生愛，於是，愛的觀念第一次從「被愛」轉變為「愛」。這種創造性的轉變，使兒童形成對自我的能力之肯定，明白了給予所具的主動性。

法國哲學家拉康（Jacques Lacan, 1901-1981）的鏡像理論（mirror stage）可以進一步說明這種因着成長而破裂的現象。所謂鏡像階段，指兒童的心理形成過程中的主、客體分化階段。

拉康根據幼兒心理學的研究指出，嬰兒剛出世時，本是一個「未分化的」、「非主體的」存在物，此時他無物無我，

外在、內在是一種形狀不定的一團；直到他在六個月到十八個月期間，才達到生存史上第一個重要轉折點——「鏡像階段」。在這期間，嬰兒首次在鏡中看見了自己的形象並「認出了自己」，[8] 發現自己的各部分肢體原來為一個整體。他為認出鏡子中的自己而歡喜，緊偎着在鏡子面前抱着他的大人。這是主體形成的開始。「首次同化」即是第一次的「自我異化」，因為此時發生了自我與鏡中之我的對立，原始的「我」似乎被分裂了。

嬰兒此時所發現的自己，還只是一個倒影或想像，因為他尚未能操控自己的身體，沒有能力自己走路、站立，他需要依靠親人的抱持才能活動。嬰孩如果想獲得某物，或去除尿片的不適感，會以哭鬧來表達要求，他誤以為哭鬧能指揮他人；這時候他還不能在鏡像中區分自我與母親等其他對象，嬰兒是把自我與他人混淆起來的。

8　可以參考YouTube的紅點實驗（red dot experiment）：https://www.youtube.com/results?search_query=red+dot+experiment+baby。

（四）個體化的衝動

　　直至嬰孩能獨立活動，他才發現人我之間的差異。他在鏡像中看到自己是一個完整的軀體，「我」隨着自己的肢體動作而變化，小手能拾起玩具⋯⋯他會完全淹沒在歡欣、興奮之中，於是他對這個鏡像產生了自戀式的認同。鏡像階段反映了嬰孩對自我從破碎到想像的認同過程，他透過肢體的動作與鏡像的辨認，將不完整的自我印象延伸為對「自我」的初步認識，這是具有自我觀念的開始。

　　心智成長，用哲學的語言來說，指人從世界分化出來，與之形成了「主、客對立」的關係，「主」是自我，「客」是外在世界。小孩在成長的過程中，自覺能力愈強，就感覺愈孤獨。他感到自己與他人之間有一道鴻溝，別人不懂他的內心世界，他不能再次從父母處獲得安全感，也不能重拾孩提時他人給予的無條件的被愛感；雖然，表面上他已能完全操控自己的身體，這讓他產生一種脫穎而出的自由感，但另一方面，伴隨這種自由感而生的，卻是更深的疏離感。

　　之所以產生疏離感，是由於孩子發覺了人我之別，自我與他人是完全隔絕的個體；他赫然認識到一個外在的世界橫亙於前，世界不比自我，不能隨意想像，這世界到處是規範、限

制，它們是強而有力的，而且常常具有威脅性和不穩定性。

於是，他產生了想要放棄個人獨立的衝動，想要把自己完全隱沒於自我之內或完全順從外界，藉以克服孤獨及無力感。然而，人性中那種追求自主而產生的衝動，仍會不斷地躍動，不能遏止。他不斷嘗試獨立，好像走上了不歸路；正如孩童不能重新投回母胎一樣，在心理上，他再不能逆轉此個體化過程。

成長是嬰孩走向個體化的重要里程碑，個體化能讓人實現真正的自我獨立性，這是人類追求自由的本性。9

嬰孩在性格成長之前，大多以自我為中心。我們會發覺兒童的行為往往因自我陶醉而被扭曲，他們會自以為是，總覺得自己永遠正確，「我」就是世界的中心。直至他們上學了，在與他人的交往過程中，才從紛爭、競爭中，逐漸發覺真正的他與別人所理解的他竟很不一樣。兒童在遊戲中，最易感受到來自群眾的壓力；如果一味任性，不遵守遊戲規則，他就很快會被大家杯葛。人本是好奇的，希望認識周遭的世界，更需要

9　兒童本來不願脫離溫馨的母體，但為追求肢體的獨立性，走離母體，這是第一階段的追求自由，跟着人更希望自覺地主宰自我，追求意志上、思想上的自由。

獲得他人──特別是同輩──的認同，所以被隔離之苦，促使他必須努力學習，重新調整自我形象。他第一次對自我以外的世界產生焦慮。

在實現個體化的過程中，兒童開始陷入兩難的泥淖，對身份的焦慮成為他的生活主題：他既渴望獨立、自由，卻又被成長的焦慮阻撓，二者不斷在角力。大部分兒童往往採取「服從」的態度，以服從權威來逃避焦慮，正所謂「乖孩子永遠被疼愛」；但是，即便如此，權威與孩童之間的基本矛盾並未被消除。在表層意識上，乖孩子可能會因得到成人的誇讚而覺得安全與滿足，但是，下意識裏，他發現權威顯示為「不自由」，他要以放棄自己的力量及完整性為代價來服從。因此，服從的結果與當初想要服從的目的正好相反，反而增加了他們的不安全感。於是，兒童產生了刻意的對抗，脾氣變得不穩定，青少年階段的反叛表現，正是成長的特徵。

佛洛姆認為個體化其實是一次自我實力（self-strength）的展示。人的肉體和性格須同時成長，否則若其外表成熟，卻行為幼稚，就表示他在成長過程中，並未依建設性的人格來發展自己與他人的親和關係。一個性格健全的人表現為他有充裕的愛的能力。而想要具備愛的能力，就要脫離自我陶醉，或脫離「母體」。

一個人的成長要經歷脫離、覺醒、立志、成熟各階段。可以想像，人是不願意脫離襁褓式的關懷的，所以成長必然會帶來痛苦；如果一個人富裕無憂，並長期被溺愛、縱容，那麼，一旦在成長時遇到需自我調節的情況，就會感到特別難受，容易產生逃避的心態，從而形成拒絕成長的現象。香港的青少年普遍被家庭寵溺，正是欠缺完整成長發展的寫照。

孟子說：「富歲子弟多懶，凶歲子弟多暴。」這個觀點很符合現代社會的現狀。孟子認為，在失收的年歲裏，生活物質缺乏，社會自然多爭奪，兒童、青少年耳濡目染，每多暴戾兇殘。但是長期的富裕，並不一定就是幸福，如果富而無教，青年子弟就容易疏懶。古代中國將生活富裕的社會分為「富而有教」和「富而無教」，這是很有道理的。「教」是文化教養，文化教養不僅表現為送子女補習等，還包括對心靈的培養；若青少年具有健全的心理品質，自然會有較強的求知慾，能夠尊重他人，對自我有所要求。

人是社會性的存在，人既然不能脫離他人而獨活，則社會的環境便限制了個人的成長。比如古代中國的宗法制人倫禮節交往的格套；中古時代的人與教會，貴族社會的階級觀念，主人與僕人的關係……及後，現代社會的商業關係，上司與下屬，服務者與客戶……社會型態不同，但人與社會卻始終緊緊

牢靠在一起，人在個體化的過程中總會受到社會的制約。

首先，讓我們分析一下拒絕成長與自戀和依附母體的關係。

二、水仙花的世代

這個時代，拒絕成長最明顯表現在於自戀現象。

《洛杉磯時報》報道了一個由五間當地大學進行的關於自戀傾向的調查報告，[10] 名為〈自我膨脹與時俱進〉。研究方法為問卷調查，問題包括「假如世界交給我統治，會變得更好」、「我認為自己是個很特別的人」等。研究發現，2006 年有三分之二的學生的自戀指數比 1982 年的平均數高出 30%。

成長既然是一次冒險，冒險自然會產生焦慮感、壓力感，依據佛洛伊德的心理學理論，焦慮感等「苦感」是由於原我（id）與超我（superego）之間不協調，自我（ego）夾在縫

10　參考http://www.takungpao.com:82/news/07/04/08/YM-718359.htm。

隙，¹¹而形成自我保衛機制（defense mechanism）。

佛洛伊德的性學理論已經在心理學領域中成了眾矢之的，筆者不打算論辯，但其貢獻在發現潛意識，則是不爭的事實。我們一向以為人類有理性與靈性，並且依之而行，但佛洛依德卻指出這不過是自欺欺人罷了。我們平常所說的「意識」，其實只是人精神活動的一小部分，正如冰山一角，人類的行為基本上被潛意識決定，它才是無限廣闊和最根本的。

自我保衛機制

當我們的原我與超我因種種原因產生衝突或不協調，人的潛意識就會「製造」一些自我保衛機制來逃避這些焦慮，佛洛伊德的自我保衛機制相當複雜，以下簡單說明，並舉一些顯淺的生活例子以助理解：

· 轉移反應（conversion reaction）：找對象分心、轉移焦慮，例如打遊戲、血拼購物。

· 恐懼反應（phobia）：懼黑、懼獨處、懼幽閉。

11　佛洛伊德的自我三分：id指生命的欲求，純粹是苦與樂的感受，它沒有時空性，只負責印象凝聚或增補轉移，例如童年被狗咬，終生即印記此陰影。ego則服從現實原則（principle of reality），以調節原我與超我的衝突，判別事實與幻想。superego即良心規範、道德感，受社會規範。

· 否認（denial）：不接受現實，排拒別人的意見。

· 抑鬱（depression）：精神不振，退縮。

· 補償（compensation）：贖罪苦行、血祭，或表面無私的奉獻。

· 妄想（delusion）：將不合常識的東西合理化。

· 離解反應（dissociative reaction）：幻覺，自我分裂。

· 強迫觀念（obsessive thought）：宗教的禁忌，堅守禮教儀式。

· 強制行為（compulsive behavior）：強迫式的肢體習慣，簡稱 OCD，例如不斷抽煙、洗手。

· 壓抑（repression）：將所恐懼的東西遺忘，例如認為性是污穢的，變成性壓抑。

· 投射（projection）：轉移向某對象，例如偶像崇拜、好名譽、權力慾、好勝。

· 反向（reaction formation）：語言上反彈，以攻擊別人來保護自已。

· 固執及退化（fixation and regression）：不願改變，封閉，例如必須走某條路徑回家，在固定的時間吃東西等。

　　人的自我意識是如此重要，人根本就是一種自戀性的生物；每個人都會以自我為最重要，自我總是對的，自我是最特別的，所以佛教強調破除「我執」是大智慧。

1914 年，佛洛依德在《論自戀》（*On Narcissism*）中，將自戀分為兩種：嬰兒在還未能區分「人與我」和「物與我」，並且把母親看作自己身體的一部分時，將愛傾注在自己身上，這種自我陶醉的愛被定義為原始自戀。當嬰兒三四個月大的時候，區分能力開始發展，他開始懂得辨別身體以外的事物，慢慢知道別人的存在。假如這時嬰兒遭遇上作為其撫養者的母親亦離他而去的挫折，無助感牽動退縮、怨憤、排他等反向，他將愛轉投回自己身上，這種情況稱為繼發性自戀，亦即我們平常所指的病態性自戀。

繼佛洛依德後，維也納兒童心理分析師梅蘭妮・克萊因（Ronald D. Fairbairn, 1889-1964）將自戀問題的研究擴展至自我與客體的關係，使之成為第一個關於病態自戀的現代理論。克萊因認為，自戀者將自身完全投射到他所關注的客體上，並認為自己與客體是結合在一起的；自戀者有極具理想化的自身形象，並拒絕外界對這一形象的詆毀；自我與客體的關係是一種自我情感保護機制，因此自戀是死亡本能最初在精神上的表達。[12]

12　參考 *Social Psychology*, by David G. Myers, McGraw Hall, international 8th edition, New York: McGraw Hill, 2005。

自戀型人格

1978 年，美國心理學家海因茲·科胡特（Heinz Kohut, 1913－1981）出版的著作 *Analysis of the Self: Systematic Approach to Treatment of Narcissistic Personality Disorders* 被認為是分析自戀問題的聖經。他認為自戀型人格的主要表現有：

· 誇大自己的重要性（自許自己無所不能）。

· 自視卓爾超群、與眾不同（嗟歎世上沒有伯樂）。

· 憧憬擁有無限的成就、權利、才華、際遇，或遇上非常浪漫的愛情。

· 極度需要別人的讚美。

· 認為自己應擁有特殊的待遇（不合理地期待別人要順從自己的意願）。

· 不自覺地佔別人的便宜（視別人善待自己為理所當然）。

· 不能了解或認同別人的情感需要（缺乏同情能力）。

· 經常妒忌別人，而且認為別人都在妒忌自己。

海因茲·科胡特認為，正常的兒童心理發展是由自戀走向接受外在客體關係。父母愈對兒童溺愛、無微不至地照顧，只會延長嬰兒將外在客體視為自己的一部分。到了兒童期，他開始誤以為自己無所不能，這造成某些家庭出現「小霸王」現象。通常，當小孩逐漸成長，通過與人的交往，他們開始區分哪些是內在的感受、哪些是真實世界的，會自覺規範其意願的領域，重建自尊和尊重他人。可是，部分青少年卻仍然眷戀被寵的溫馨，於是殘留的原始需求開始侵蝕正在發展中的自我，

以自戀來補償對現實的不滿。

三、幼兒的依附階段（attachment period）

成長階段為何會引起種種性格扭曲？英國心理學家約翰·鮑比（John Bowlby, 1907-1990）專門研究兒童精神疾病，提出著名的依附理論（attachment theory），對兒童性格成長發展很有見地。[13]

雖然幼兒與母親是二而一、一而二的共生關係，但幼兒並不具備獨立生存的條件，所以必須絕對地依附於母體；而母親的性格就會直接影響幼兒的成長。心理實驗將十二至十八個月大的嬰兒置於一特定環境中觀察，母親與陌生人輪流交替進出，看看嬰兒的反應。[14]

13　參考Cassidy J. "The Nature of the Child's Ties", Cassidy J, Shaver PR. *Handbook of Attachment: Theory, Research and Clinical Applications*. New York: Guilford Press, 1999, pp.3-20.

14　1969年，Mary Ainsworth受Bowlby依附理論的影響，設計了「陌生情境」實驗研究。這實驗是母親和孩子在遊戲室，孩子正在遊戲中；然後一個陌生人進來，嘗試和他一起玩玩具，這時候母親離開，只剩陌生人和小孩；最後，只剩下小孩一人。這實驗主要是觀察母親再度出現後小孩的行為。可參考YouTube: https://www.youtube.com/watch?v=m_6rQk7jlrc or https://www.youtube.com/watch?v=ZaRyL5YmoF4。

（一）安全型依附（secure attachment）

在安全環境下成長的小孩，當偶然身處於陌生情境中，主要照顧者（普遍為媽媽）在身邊的時候，他們通常都可以自由地探索環境；陌生人進入實驗室時，他們可以和陌生人互動溝通，當主要照顧者離開時小孩可能會難過哭泣，但主要照顧者回來時，他們會很快地靠近照顧者尋求安撫。如果母親給孩子安全感，讓孩子覺得可以依靠她，這種關係建立之後，孩子會較有自信和探索外在世界的勇氣，學習與人溝通而發展出自我概念。

反之，缺乏安全依附的兒童，就會有以下的反應。

（二）對抗型依附（resistant attachment）

此類型的小孩即使主要照顧者就在身旁，面對探索和陌生人時依然會感到焦慮。當照顧者離開時，小孩會非常沮喪；當照顧者回到身旁時，小孩又變得很矛盾，明明想跟照顧者保持親近卻充滿憤怒，當照顧者開始注意他時又會想要反抗。心理學家發現此類型的嬰兒的母親特性為：照顧能力差，不懂得如何滿足嬰兒的需求，時常有不一致的行為，一下子強烈，一

下子冷漠，於是兒童無法掌握母親的情感規律。

（三）逃避型依附（avoidant attachment）

這類型的小孩會迴避和忽視主要照顧者的存在，在照顧者離開或回來時不表現出情緒。照顧者在時不去注意；照顧者離去亦不顯出緊張痛苦；照顧者去而復返非但不表高興，反而迴避或很慢才向前迎接；陌生人出現時亦無特殊反應。這些小孩不會去探索環境，不管誰在他們身旁，都是冷漠安靜，既不熱情也沒有太多的憤怒。

逃避型小孩的照顧者通常是沒耐心，對嬰兒不敏感，或表現出負面的反應，並拒絕身體接觸等反應。逃避型依附的嬰兒表現出退縮、孤立、對學習沒興趣、缺乏動機，也可能會缺少人際關係。

（四）混亂型依附（disorganized attachment）

這一類型的小孩沒有固定的反應模式，他們會依據不同環境作出不同的回應，有些時候表現為對抗，有些時候表現為

迴避。心理學家發現他們都曾經受到照顧者的驚嚇或虐待，於是既需要依賴照顧者，但又恐懼照顧者，孩子與照顧者的人際互動是不穩定的，導致他們無法有一致性的反應。照顧者其實是一面鏡子，一般的孩子看到照顧者所理解的自我，如同一面完整的鏡子；而混亂型依附的孩子看到照顧者所理解的自己，如同從一面破碎的鏡子看見自己。[15]

兒童在成長時所經歷的依附關係，會直接影響長大後的戀愛態度，因為他們在戀愛時會採取同一方式來對待他們的愛侶。

依附理論的實驗

關於依附理論的一個著名系列動物實驗是哈利·哈洛（Harry F. Harlow, 1905－1981）對恆河猴所做的實驗，此實驗顯示依附不僅僅是由生物本能如飢餓所激發。在這一系列實驗中，新生恆河猴出生後很快被從母親身邊帶走，並為牠們提供兩個代理母親，一個由鐵線做成，另一個由木頭套上泡沫橡皮和毛衣做成，兩個人偶皆加溫並可在胸前裝上奶瓶提供食物。此實驗是觀察猴子會趴附提供柔軟衣物接觸的人偶或提供食物來源的人偶，結果是這些猴子會趴附柔軟衣物人偶，無

---

15 參考*Child Development*, 9th Edition by Laura E. Berk, 2013, p.430.

論提供食物與否。這些猴子在柔軟衣物人偶在附近時也較為積極探索周遭，似乎此人偶為牠們提供了一種安全感。

四、不願成長的「孩子」世界

本書的內容雖然由我主寫，但以下的內容主要參考網上的資料。又曾教授「愛情哲學」的通識課多年，同學都需要交一篇功課，我跟大家商討，愛情說得太多、寫得太濫了，為了避免老生常談式的談情說愛，不如挑些另類的寫，不寫歌頌愛的題目，集中寫愛的盲點。結果有同學寫隱蔽青年的社會因素，有些寫獨生子女與溺愛，有些寫遊戲機狂熱，有些寫流行曲的愛情，有些寫「打卡現象」……所以「拒絕成長的『孩子』」這章，大部分都是同學的作品，許多題目新奇有趣，更是「我無能為力」寫的；現在，許多同學都已經畢業，離開了中文大學，每段的整合，都喚起在課堂上討論的樂趣。數年的累積，從三四十篇中選輯了部分內容，經整合修飾便形成了這本書，由於參與的同學眾多，所以不打算逐一登名致謝了，只祝願已在社會工作的同學生活充實，仍然保持對思考的熱愛。

（一）角色扮演

　　自戀的表現有許多種樣態，其中青少年的自戀現象，最常見於每年的動漫節的角色扮演。以前，我們參觀動漫展的唯一目的就是購買一些動漫商品；現在，在動漫展中，除了林林總總的「武器」外，還多了一些活生生的動漫角色在場內出沒，為動漫展平添新意。他們就是所謂的角色扮演者。

　　現代精英社會（meritocracy society）的特質是競爭激烈，成功者怕被後來者居上，自覺要不斷增值，以保持優勢；那些慣於失敗的人，每天只能累積挫敗感，好像永遠不能翻身。充滿挫敗感對從褓姆社會成長的青少年來說，是殘酷而難以承受的。面對現實的不如意，心靈脆弱的青少年更多地選擇了逃避而非面對問題。

　　問題嚴重者會自殘自毀、吸毒濫藥；輕者則會寄情於自己熟悉而又有把握取勝的遊戲機項目。另一些人則沉迷於動漫，透過扮演自己熟悉的角色，來掩埋現實的自我。這種角色扮演跟一般代入遊戲角色不同，內裏充滿了「學問」，扮演者須對角色的遭遇有具廣度及深度的了解，才能將現實融混入劇情。他們宛似擁有操控角色命運的特權，將「未來的劇情」完全掌握在自己手中。這種感覺令青年人可以暫時從現實生活中

抽離，從而擺脫所面對的問題。

角色扮演的歷史

角色扮演的英文 cosplay 是 costume play 的縮寫，指以服飾和道具的配搭，加上化妝造型、身體語言等，來扮演自己喜愛的角色。這些角色包括漫畫、動畫、電玩、電影、樂隊和自創的角色。

Cosplay 由日本傳入香港、內地，可能中國人比較保守，到近年才流行起來。據潮流文化研究者觀察，日本在七十年代已出現仿效電影、漫畫或影集內的角色的扮演者，而角色扮演潮流則始於九十年代中期，因動畫《新世紀福音戰士》大受歡迎，眾多漫畫迷紛紛扮演當中的角色。

不久，日本商家發現角色扮演有潛在的商業價值，便開始利用它來吸引大眾的目光，以幫助推銷商品。後來，日本青年人刻意扮成漫畫、動畫、電玩中的虛構角色，並將之演變為潮流文化。

香港第一次出現 cosplay，是在 1993 年的一個文化展覽館中，由一個香港同人誌團體發起。團員打扮成《銀河英雄傳說》中的人物，售賣團員的作品，豈料一舉成為了香港角色扮演的先鋒。近年，角色扮演大興於萬聖節，逐漸成為風氣，成為本土青春文化的主流。

香港街頭上的 cosplayer 主要扮演日本動漫角色，較少扮演美國的蝙蝠俠、蜘蛛俠或 Rambo，因為角色扮演需

要「劇情文化」的支援；自八十年代甚至更早，日本的動畫、漫畫滲入香港，當中的角色在朋輩間流傳，逐漸成為彼此談論的共同話題。日本漫畫比香港漫畫成熟、多樣，為角色扮演者提供了源源不斷的靈感。

Cosplayer 會基於個人的性格而選擇角色，他們／她們希望藉扮演動漫角色來塑造自我風格。例如，扮演 Lolita 的少女除了模仿角色的衣着打扮、言談，心中更有一套特定的規範。她們認真地摸索 Lolita 應有的氣質，在扮演過程中逐漸形成一種自我暗示，經長久的熏染，扮演者不知不覺真的變身為該漫畫角色，宛似活在西方封建時代的國度中，等待王子的青睞。但她們毫無相關的知識儲備，對西方十六七世紀的歷史背景一無所知。

我們可將 cosplay 理解為朋輩影響的產物。為尋求朋友的認同，年輕人會熱心投入活動，以求與朋友達成同步。同時，作為潮流文化的參與者，cosplayer 有一個共同話題，他們互相交換「人物」的對白、姿態、遭遇等，在此過程中彼此產生微妙關係，從而在某種程度上令其疏離感消隱。

從心理學角度分析，cosplay 與易服癖（cross-dressing）

近似，而易服癖又與自戀現象有很密切的關係。有易服癖的人把自己打扮成異性，希望得到別人的注目，以及建立自我的價值。這類喬裝以男性居多。要解釋這種角色形象轉變，便要從女性自戀現象說起。

由於女性無法擁有像男性一樣的陽具，便產生被忽略感，好像女性不能勝過男性，「人們不重視她的獨特性」。女性有時候「會充當陽性主體和陰性客體的雙重角色」，[16] 小女孩邊玩邊與洋娃娃對話，她把洋娃娃投射為自己，從而扮演了另一個角色。長遠下去，她真的不喜歡自己的女性身份的話，便會運用拉康所謂的鏡象理論：她披上斗篷，扮演英俊的王子，在鏡前看見一個雄糾糾的男子，將自己投射為男性，以忘掉自己缺少陽性的一面，並觀察自己的美貌來認識自己。她們希望透過鏡子裏的自己找到自身存在的目的，建立在社會的價值。所以，女性要從心底裏說服自己，鏡中的「我」到底有甚麼優點；有時候，她們甚至會觀察自己的胴體，迷戀起自己的姿態。結果，女人產生了自我陶醉的意念，引領自己找到了「浪漫」。動漫角色的扮演就是要達到這個目的。

16　參考（法）西蒙波娃（Simone de Beauvoir, 1908-1986）：《第二性》第三卷，台北：志文出版社，1999年，頁6-33。

其實，卡通人物代表着一些英雄式的標誌。在現實世界裏，女孩子希望卻未必會有英雄式的榮譽。她們心理上追逐的東西，卻是希望能從自己身上散發出來。於是，她們換上卡通服裝，把卡通人物的英雄感投射到自己身上，自我陶醉於名、權、美這些卓越感中，自戀現象油然而生。

至於有易服癖的男性，心理學家指出，易服癖是因為有些人天生的性別不被接受，希望通過易服假扮異性，得到注目和建立自我價值。[17] 試想，女性自我陶醉的原因，是因為女人較男人缺少了陽性性徵，以至自卑、迷失；而性格自卑的男人，沒有一般男人具有的優越感，不敢挑戰社會規範，在自閉的性格底下，為了重拾自己存在的價值，便希望至少自己能愛上自己，建立自我認同感。又由於同性間的競爭很強，於是男人會假扮為異性，希望自己在異性的角度下，能夠得到其他「同性」[18] 的認同。

17　參考http://hk.knowledge.yahoo.com/question/?qid=7007060203773。

18　這個「同性」可以是男性或女性，視乎他扮演異性時的心境。他可以視自己為柔美的女性，希望吸引的是男性；又或者他投入為女性，是希望成為真實的女性，以遺忘自己的男性身份。同樣，如果她是女性，也可以易服裝扮成男性，不過現實上女性的易服癖比較少一些。

（二）電玩狂熱（上）

　　以前（只不過數年前），我們通常是買遊戲機回家，對着電視的螢幕玩電玩遊戲：任天堂、世家、超任博士、Xbox 360、PlayStation……俄羅斯方塊、食鬼、超級馬利奧……這一連串電子遊戲機的名詞甚至對成年人來說也是絕不陌生。那年代，我們隨處可見獨個兒或數人圍在一起，或坐着或站着或走着路的在凝神貫注地玩手提遊戲機；假日，賣遊戲機的商場被顧客擠得水洩不通；遊戲機不光是小孩的玩具，上班族、家庭主婦也對其愛不釋手。這個時代，正是遊戲機狂熱的時代。

　　許多調查報告顯示，吸引青少年開始「打機」的原因，主要是好奇、動感及朋輩的影響。「機迷」表示打機能夠讓自己獲得成功感、爭取控制力、挑戰、求勝、興奮、欣悅……更重要的是，在遊戲的虛擬世界裏，玩家可以代入遊戲當主角，幻想擁有超能力、魔法道具、忠實戰友等，能做到現實生活中做不到的事，藉此逃離充滿壓力的現實世界。

　　物理治療師告訴我們，年輕人打機時都會不自覺地長時間坐着，並將頭部垂下，腰背彎曲，肩膊縮起，手指不斷重複地進行按鈕動作，若此姿勢維持一個小時或以上，便有可能引致「NDS 綜合症」，出現手指關節發炎、手肘筋腱勞損及肩

頸肌肉緊張，令日常生活備受筋骨疼痛困擾。此外，沉迷打機很多時候會使人廢寢忘食，造成睡眠不足和產生消化系統問題，對身體構成長遠的不良影響。

更嚴重的，有些青少年沉醉於遊戲中美好的虛擬世界，不願回到現實世界，逃避日常生活，變得害怕與別人接觸，感覺只有活在擁有自己的財富、朋友和超能力的遊戲世界內才能獲得安全感。他們終日躲在房間玩遊戲機，成了「隱蔽青年」。

眾多遊戲種類中，以角色扮演遊戲最易沉迷，玩家一旦開始了遊戲，就會像追看電視劇集和小說般，日以繼夜「喪玩」，直至玩到結局，解開心中謎團為止。

不少自我形象低落者在打機的過程中享受到現實生活所沒有的成就感，這些感覺填補了現實生活中的缺失，現實生活中的競爭和壓力也隨之消退，因此他們無法脫離線上遊戲的世界，活在虛擬世界的成就感比活在現實世界的成就感還要高。

總有一款適合你

對於遊戲機的普及，盜版集團「應記一功」。盜版軟件

和燒錄卡的出現，使玩家只需買下主機、燒錄卡和儲存卡，以後的日子就能免費玩盡所有遊戲了。正版遊戲光碟一張約港幣三百元，但盜版的每張僅售十數元；而破解主機底板加密裝置的改機費用也只需二百多元。這些盜版技術解決了玩家的經濟困難，間接鼓吹這股籠罩全港的遊戲機狂熱。

不同的遊戲機各有賣點：

· PS4 是高性能硬件，以高清細膩的畫面和聲效吸引玩家；

· Xbox 360 的焦點放在能與電腦相配合和在遊戲以外的娛樂功能；

· Wii 的特色則在於反傳統的體感遙控手掣與它獨特的控制方式。

其中 Wii 的設計最具突破，在 Wii Sports 遊戲中打網球時，玩家完全不需按任何鍵，只要像擊球那樣揮動如短棒般的手掣，即可輕鬆控球；讓手指不夠靈活、眼睛不夠快的成年人，亦能輕易上手。

NDS 則靈活運用它獨有的輕觸式屏幕和雙屏幕設計，以前所未有的遊戲玩法吸引玩家。NDS 的《大腦鍛練學院》智力遊戲中，操控同樣輕易，在屏幕上輕輕一點便可揀選答案。要了解多一些遊戲機的發展，可參考一些網上資料。[19]

至於遊戲的種類亦愈來愈多樣化，迎合不同人士的口味：格鬥遊戲適合喜歡動作畫面的男孩子；烹飪和飼養寵物的遊戲深受女孩子喜愛；《模擬城市》、《牧場物語》等模擬遊戲適合

---

19 參考http://www.m-create.com、http://www.famitsu.com、http://www.screendigest.com、http://www.wikipedia.com、http://www.gagamn.net/archiver/?tid-374.html。

創意型的人；《太鼓之達人》、《應援團》等節拍遊戲適合音樂愛好者；《旋轉方塊》、《數獨》、《右腦達人》等益智類遊戲適合愛思考與鍛練反應的人；《麻雀格鬥俱樂部》、《釣魚大師》等適合年紀較大的玩家；《教父》、《生化危機》等歷險遊戲適合追求刺激的青年人；至於「馬利奧」和「寵物小精靈」系列則適合兒童。總而言之，遊戲數目繁多，種類包羅萬有，人人都總能找到自己喜愛的遊戲。

（三）電玩狂熱（下）

　　現今的電玩主流是網上的 online game。新聞時有這樣的報道：一名中學生因網上武器被盜而跳樓自殺；一名男子在網吧內連續打機六小時後昏迷猝死……網上遊戲形成熱潮，青少年為求盡快升級超越對手，不眠不休，花掉無數個夜晚。狂熱者開始不懂自我控制及分配時間，只顧打機而不理功課、測驗，致使成績下滑；不少沉迷打機的中學生都曾違反校規帶手提遊戲機回校，更於認為沉悶的課堂上公然連線對打。

　　由於許多網上遊戲使用儲值卡，所以可以計算到網民投入玩遊戲的時間。據統計，曾屢破用戶紀錄的《魔獸世界》（*World of Warcraft*）在 2015 用去人類五百九十三萬年的時間，五百九十三萬年是甚麼樣的觀念！但到了 2018 年，該遊戲迅

速暗淡下來，每到版本末期的時候，玩家都會瘋狂地流失，更多的是很多玩家已經將所有的新內容都體驗過了一遍，甚至反覆體驗了無數遍，因而感覺到了厭倦，感覺到了疲憊。

網上遊戲眾生相：

I. 某中學生自白

不用上學的時候，他從中午玩至第二天早上七時才睡，下午一時起床吃飯後，又繼續玩。凌晨比較少人上網，那時「打怪獸」效率最高。

因為玩網上遊戲，他與家人的關係惡劣，大約每兩至三日就吵架一次。他屢勸不改，有一次，母親一怒之下關掉了總電掣，於是發生激烈的打鬥，他打傷了母親。一般人家中只得一部電腦，自然成為兄弟姐妹爭奪的目標。「有時妹妹比我早一步用電腦，我便罵走她，即使她哭起來我也不關心。」沉迷玩網上遊戲，令玩者不能控制情緒。

2. 某失業青年自白

未失業前，他在酒樓當侍應，每天由晚上十一時放工後玩至凌晨四五時，平均只睡六小時。當他失業後，

每日更會花上十五個小時玩網上遊戲，最高紀錄在網吧連續玩三十三個小時。

「在網上遊戲裏，角色可以無止境升級。加上能上網與其他玩家鬥爭，相比以電腦為對手的傳統角色扮演遊戲有趣得多。」以前，他找工作較主動，會在街上留意店鋪門口的招聘廣告。但自從沉迷網上遊戲後，由於要分秒必爭，恐防對手超越自己，已不再主動找工作，只等朋友介紹。

3. 虛擬武器交易

雖然網上遊戲公司規定不准玩家用金錢買賣遊戲帳號、武器或遊戲貨幣，但由於無法監管，金錢交易還是十分普遍。一位學生告訴我，他們團隊四人，去年共用了數十萬元購買武器，提高「戰鬥力」。

交易方法會在網上聊天室內留言，願以某個價錢出售某遊戲的帳戶，通常需要數百元至數千元。他們會相約在網吧交易，並即時在官方網頁轉名。以現金購買虛擬武器，心態有如購買名牌、愛瘦身一樣，買回來的武器可能在現實中沒有價值，但背後的象徵意義很大，能給予買家虛榮感。

4. 生活暴力化

有些時候，為了與其他玩家爭打怪獸，或者通道受阻，電玩參與者會聯同盟友在遊戲中「追斬」其他玩家。一位自稱「殺神」的玩家說，他明白不能因自己不喜歡便殺人，但平時在遊戲中也會突然「斬」其他人，因為他覺得能激怒別人是件令人愉快的事。「但若自己在網上被打死，會頓時變得沒有心機，覺得人生很灰暗。」

由於網上遊戲大多以殺戮為主，聊天室內又常出現粗言穢語，使玩家感染行為上或言語上的暴力。暴力的網上遊戲消耗「同理心」的判斷能力。遊戲的設計巧妙地美化了殺戮的場面，令玩家感受不到受害者的痛苦，只是不斷給玩家樂趣，這容易演變成為現實生活的暴力。

心理學家認為沉溺網上遊戲是「病態有癮性行為」（pathological addictive behavior），玩家不能自制，形成癮癖的人格。「病態有癮性行為」主要原因是玩家在現實生活中不如意，加上缺乏平衡的人際關係，於是藉網上遊戲逃避現實；玩網上遊戲至深夜，則導致上課或上班時不能集中精神，影響學習和工作的表現。

（四）擁抱虛擬的愛

虛擬世界日漸成為了我們的「真實」。

網絡上形形色色的溝通渠道，如交友網站、即時傳訊軟件、聊天室、論壇、網誌等，為網絡戀情造就無窮機會。一種嶄新的愛情現象藉網絡出現——虛擬戀情。

通過交友配對的網站，我們可以尋找為自己度身訂造的情人——只要輸入對方的性別、年齡、星座、生肖、血型、信仰、身高、體重、職業、學歷、興趣、性格、戀愛狀況等，便能立即得到與理想情人聯絡的方法，最常見的就是用電郵或即時傳訊軟件以文字溝通，之後再作發展。

在網絡上，人們可以擺脫現實世界中存在的枷鎖，不必理會道德批判和社會壓力，能隨心所欲地扮演自己精心塑造的角色。網絡使用者可以透過暱稱、個人資料、代號、符號來凸顯自己的個人形象，任意選擇自己的性別、年齡和身份；如果突然心血來潮，想轉換角色，則只要開個新帳號，便能塑造另一個自己。網絡的匿名性、隔離性令人可以將自己不為人知的一面顯露出來，展現了人類潛意識中的多重人格。

卸下現實生活中所戴的面具，現代人已經習慣了在網絡連線尋求精神上的慰藉，在虛擬的城市找一個讓心靈休息的地方。隔離式的交友讓對方不覺突兀、自己又不覺尷尬，這種方式消融了現實中的互不信任。與在線的另一方分享自己的私事，或談論現實生活中難以啟齒的事，可以拉近彼此的距離，營造親密感，漸漸地，這種感情演化為愛戀。

　　網絡戀情分為兩種：第一種是雙方透過網絡認識，每天聯繫，逐漸發生感情，經見面後再確認彼此的關係，發展戀情；第二種是虛擬戀愛，在網絡上透過即時傳訊軟件等溝通，繼而陷入熱戀，但雙方從沒有在現實生活中見過面，甚至刻意避免認識真實的對方。

　　文字不像外表，它可以經過仔細思考、反覆推敲、不斷修改後再寄出，收件者並不能一眼便看穿文字的虛實。醜小鴨可以謊稱自己是白天鵝，小矮人可自稱為長腿叔叔。對方無從在文字看到現實中的我們，於是，我們便能隱藏自己的缺點，用文字自吹自擂，將自己改頭換面而不需負責；加上當某人喜歡我們的時候，我們亦會傾向喜歡那個人，而我們在網絡上又多用文字與符號溝通，與對方並無真實的交往，於是便會產生自以為別人喜歡自己的幻想，繼而產生曖昧感，透過再三品味彼此的對話記錄，憧憬、幻想，以至投入、迷戀。

沉溺於網絡戀情的人會日夜等待網上情人的出現，「每隔兩秒看你有否覆我」，甚至為網上情人犧牲現實中自己的正常生活，「無聊還無聊／但我們通宵都捱過」，真與假、虛與實的界線漸漸變得模糊，安慰的話彷彿比親密擁抱有更真實的觸感。

　　「虛擬戀愛」通常發生在男性身上，因為社會上對男性的要求普遍較高，形成定型（stereotype）：男性應該堅強，有上進心、有自主能力。為了滿足這種期望，受到壓抑的男性唯有轉投虛擬世界，去尋找自我的慰藉。

　　網絡戀情與現實戀情存在着很大的差異：首先，虛擬戀愛的特質在「不特定性」（non-specificity）。「不特定性」是指沒有指向單一而固定的愛慕對象。戀愛本是一種交互關係，自然有固定的對象，但虛擬戀愛的當事人只是為了滿足自身對愛情的幻想，所以幻想中的對象只是實現滿足感的媒介，只要能滿足對愛情的渴求，那麼對象是甚麼樣的人都沒有關係。[20]

　　在一般的愛情現象裏，戀愛雙方都是實存的客體，他們確實擁有某些能吸引對方的特質（如外表美麗、情操高尚）。

20　參考Wikipedia「網絡戀情」條目：http://zh.wikipedia.org/wiki/%E7%B6%B2%E8%B7%AF%E6%88%80%E6%83%85。

但網絡戀情卻發展出一種非實存的戀愛現象，一切只是陷入戀情之人的幻想，自始至終只有他一人在愛，戀愛的對象不過是自我的倒影。

網絡戀情更衍生了其他現象，如網絡婚姻，戀愛之人宣稱在網上結婚並組成虛擬家庭；又如網絡援交、網絡外遇、網絡性關係等。網絡讓性與愛、精神與肉體得以分割。這種虛擬戀愛是單向的，沒有所謂的「忠誠」，即使背叛了幻想中的對象，也沒有任何人會責備。於是，戀愛之人會不斷地轉換幻想中的戀人，他／她的愛戀可以是多向的，每天愛上不同的對象，既有 PS4 的賽車小姐，同時又有 Xbox 的小熊。

（五）御宅族與隱蔽青年

時下流行批評一些隱蔽青年為「電車男」。「電車男」一詞由日本電影《電車男》而來，片中的男主角很害羞，害怕結識異性。事實上，我們往往混淆了御宅族與隱蔽青年這兩類人。御宅族指熱衷及精於動畫、漫畫和電玩遊戲（Anime Comic Game，簡稱 ACG）的人；現在一般泛指熱衷於次文化，並對該文化有極深入了解的人。所以御宅族不一定就是隱蔽青年。

I.　御宅族

　　御宅族的周遭充滿動漫事物，如動漫的模型、精品，消閒活動也是看動漫，或到日本的秋葉原「朝聖」，因為那裏全是他們喜愛的商品。御宅的元素亦包括「萌」。[21] 御宅族和動漫愛好者會用「萌」形容自己極端喜好的事物，通常是對女性的喜好。萌一定是美少女，並具有萌元素，如女僕裝束、眼鏡、天然呆、蘿莉等等。

　　御宅族的房間佈滿萌元素的模型、海報、精品，房間成為他們的小天地。因為瘋狂購買動畫、漫畫、電玩遊戲及周邊商品往往需要大量金錢，所以御宅族即使極不願意，亦會去工作，以賺取金錢來支持自己的生活及興趣。但他們對工作欠缺熱誠，生活散漫。御宅族的衣着亦有獨特之處：老土，不修邊幅。大多數御宅族性格內向善良，怕與人接觸，尤其怕與成熟女性接觸。

　　御宅族的人數不斷膨脹，他們盲目消費，[22] 使 ACG 及萌元素的市場進一步擴張，從每次的香港動漫展亦可察覺萌元素的模型展品愈來愈多。

21　參考知日部屋網頁〈歡迎來到萌世界〉。

22　參考阿唯管家・部落格〈御宅族和隱蔽青年的分別〉。

2. 「電車男」的特殊心態

「隱蔽青年」指有自閉行為的現代青年。此詞亦來自日本，由「引き篭り」（即閉在家中）直譯而來，俗稱「家裏蹲」、「蟄居族」。隱蔽青年把自己困在家裏發呆，不願上班或上學，不願外出與人交往，有的甚至只待在自己的房間，嚴重者只通過寫字條和家人溝通。他們會睡覺、發呆，睏了就睡、餓了就吃⋯⋯醒來則以玩電腦來消磨時間。他們跟御宅族一樣會迷上動畫、漫畫、電玩遊戲或者色情影碟。若需要購買東西，就會透過網絡購買而不必外出。因為欠缺經濟收入，他們只能靠家人的支持生活，所以家人的姑息亦助長了他們隱居。

雖然御宅族和隱蔽青年的本義不同，但帶來的影響卻非常相近。一般人認為，他們都是躲在家裏只看動漫的怪胎，並將之標籤化，這使他們更不敢與人接觸，自信心及自我形象繼續下降，從而形成惡性循環。

台灣的一個綜藝節目《我猜我猜我猜猜猜》，曾經邀請幾位「宅男」分享自己的經歷。他們有一個共通點：通常會追求一些「有的沒的」的東西，即一些完全沒有收益、沒有結果的東西，其追求是激烈的、狂熱的。例如喜歡火車的人會一整天都在乘火車，收藏每次的車票，

並將它們做成一本收集冊。誇張的是，他還有火車的座位表，會記下自己坐過的位置，以便下一次坐火車時不再坐同一個位置，這樣就能欣賞不同的風景。

香港的「隱蔽青年」大多因為感到外界的壓力，或曾受到排擠、冷落，並害怕參加一些社交場合，於是就把自己關在家裏，斷絕與外界的任何接觸。他們白天睡覺，入夜後開始看電視、上網瀏覽、看漫畫、玩電玩遊戲、看色情光碟。

「電車男」的特質是迷戀萌作品，因為萌作品能治癒他們的心靈，「萌」提升了女角色的「可愛度」、「順從度」，滿足他們追求完美的心態。可是，現實中很難找到完全符合萌的女性，即使有，「電車男」亦不敢追求，於是就在 ACG 中尋找。[23] 他們瘋狂埋首於萌世界主要有五個原因：

　　·他們能在 ACG 中受到美少女的溫柔憐愛與侍奉，藉以釋放自己對現實的憎惡和怨恨，找回作為男性的自尊；
　　·許多萌作品的女主角皆被設定為處女，可以實現

23　參考http://hk.knowledge.yahoo.com/question/?qid=7006102600841。

男性追求處女的慾望；

‧ACG 中的少女不會老去，美貌、青春永存；

‧轉換戀愛對象的自由度高，如果厭倦了某些作品中的角色，可毅然與之斷絕關係，不用憂慮因分手而給對方造成傷害；還可以將遊戲軟件、模型等透過網上拍賣等形式，換得部分資金去選擇新作品；

‧相較於現實，更容易達成目標並且不會受傷害，動漫的女角總不會離你而去，從而滿足「電車男」脆弱的佔有感。

病理自閉

自閉症（autism），又稱孤獨症，是一種由於神經系統失調導致的發育障礙，其病徵包括不正常的社交能力、溝通能力、興趣和行為模式。正常的人，聽語言時專注於聲音，看東西時便專注於視象⋯⋯各官能彼此協調，主從井然有序。然而，這類患者卻不能調節官能間接受外界訊息的主從性，他們的大腦好像沒有門柵的庫房，當外界的訊息，如聲音、視象、皮膚觸覺、嗅覺、味覺一起洶湧而至時，他們會不斷被外界訊息轟炸，過量的訊息使大腦不勝負荷，從而產生壓迫感，於是他們退縮，不願與外界接觸。

目前，自閉症的病因仍然未知，很多研究人員懷疑自閉

症是由基因控制，再由環境因素觸發。雖然環境因素扮演的角色仍未有定論，但研究人員發現了七個經常出現在自閉症病人體內的基因組。

根據心理病理學統計，男性患自閉症的比率，比女性高三至四倍，但女性發病時，其病徵比男性嚴重。以現時醫療科技水平來說，自閉症不可能被根治。

患自閉症的人有以下的特徵：缺乏社交能力；缺乏非言語行為，例如用於社交的眼神交流、面部表情、身體姿勢及手勢等；缺少自發性地與其他人分享快樂、興趣及成就；缺少社交及情感的互動能力，不易投入象徵性及想像性遊戲；語言能力發展遲緩，甚至完全沒有語言能力；易陳腔濫調，使用重複的、特殊的語言；有一成不變而且重複的動作癖好，例如轉手指……

3.　**偶像崇拜**

關於自戀問題，讓我們進入第二階段的討論。偶像崇拜是成長必經的階段，不過現代青少年的心態改變，他們崇拜的偶像似乎與傳統的模式有很大的差別。

首先，偶像崇拜是自戀的投射。人之所以愛上某人或某物，依上說，不外是排解內在的焦慮，偶像崇拜其實是自我的潛意識的投射：

．他喜歡偶像，因為偶像與自己有相似的條件；

．他曾經有某種能力，做過某些東西，已成過去，但偶像的出現令他重拾過去，以作補償，換言之，他所喜歡的是自己的過去。

．他愛上偶像，因為偶像是自己希望成為、但事實上又做不到的人。

．將自己的形象投射在偶像身上，以填補自己希望得到某人的愛護卻不果，將偶像充當失去的護者，並從中重拾快樂。

偶像崇拜出現於青少年階段，因為他將面對前所未有的競爭。

在學校，少數精英或成績優異，或有才藝表現，可以獲得自我肯定；大多數青少年則必須「自力」發展，他們常常尋求電玩刺激、上網聊天……但單單這些，仍不足以填補這時期特有的自我失落感，於是他們向外將向偶像崇拜、借助偶像的成就以建立自信。

青少年的閱歷逐漸擴闊，漸漸發覺父母或長輩存在許多缺點，他們往往言而無信，說帶他去海洋公園的承諾從未實現，於是在童年時形成的「長輩是完美的」的想

法破滅，不再凡事信任父母，加上青春期的生理躁動，情緒不穩，青少年便開始反叛。

心理上，他們認為自己已經「大個仔」，應該出外發展自己；可是，他們又不是真正獨立，起居飲食仍然依賴父母的支援，經濟欠自足。面對這個矛盾，自我形象仍未確定的青少年由於待在家裏感到渾身不安，便向外尋找能使自己確立自我形象的人和物。而周遭唯一可以相互認同的，就只有同學、朋輩（peer group）。

青少年透過朋輩的認同，宛如找到了自我。但他們易於被潮流引發情緒反應，互相模仿，連行為方式都被統一起來，「自我」好像無聲無息地消融於集體之中。

朋輩間年齡相仿，自我形象尚未確立，於是大家不約而同地對外投射，認同大家肯定的人或物。大家往往共同追求某一名牌、時興的玩意，最後就聚焦於某明星或歌星等等，以加強彼此認同，寄託自我形象，這就形成了偶像崇拜。

有不少在學校得不到老師或同學肯定的青少年，在外面與一班志同道合的朋友自組歌迷會，帶領會員參與

各種活動，還要製作旗幟、網頁、紀念品等等，為偶像打氣。這些從未嚐過歸屬感和滿足感的青少年，忽然覺得肯定了自己的存在價值及目標。

偶像本身或娛樂公司也必須肯定這些歌迷的支持。每年年終各大頒獎典禮中，得獎歌手不忘感謝歌迷的支持，並希望他們會繼續支持自己。青少年感到付出的一切受到肯定，這三言兩語已足夠他們支持偶像至下一年了。

傳統的偶像崇拜大致分為五類：

·明星偶像，如著名歌星、影星、體育明星等。

·政治偶像，如著名政治家、英雄式的軍事將領、爭取自由的鬥士等。

·知識型偶像，如科學家、文學家、哲學家、藝術家、音樂家等。

·社會名人偶像，如富豪、傑出的精英，以及非名人偶像，如父母、兄姐、老師等。

·虛構人物偶像，如超人、芭比、叮噹、哈利·波特等。

2009 年，香港城市大學應用社會科學系的青年研究

室曾調查「香港與內地青少年偶像崇拜現象」，結果顯示內地中學生崇拜的前十名偶像包括政治偶像、社會傑出人物、明星偶像、知識型偶像、家人等，各類型都比較平均；香港青少年崇拜明星偶像的人數最多，所佔比例為 73.6%，可見香港青少年的偶像崇拜比較幼稚，以表層性欣賞為導向。相對而言，內地學生多以傑出人物為學習榜樣，自我要求感較高，較積極向上；而只崇拜明星的香港中學生，自我形象特別低，有較高的社交焦慮。

足球狂熱

除了明星、歌星之外，現代人特別崇拜體育明星，其中又以足球明星最受注目。隨着全球化的發展趨勢，足球運動近年的發展似乎愈趨蓬勃。曼聯、利物浦、皇家馬德里、巴塞隆那、祖雲達斯、燕陶芬等等已經不再是地區的球隊，他們具有全球性。

英國是第一個發展出足球比賽的國家。十九世紀末，工業革命讓資本家所獲的利潤大增，但機械化的生產節奏卻令工人的工作變得單調，加之工作時間長，工人面對着無情又不能主宰的機器，真正感到了被疏離的苦悶。

當時，英國許多工業重鎮的工人開始組織足球隊，及後在各地形成了系統化的比賽規模。六十年代前英國曼聯足球隊球星卜比·查爾頓（Bobby Charlton）曾說：「每個周末我

們都會很努力比賽，希望帶給工人們快樂。」對當時低下層的工人來說，每個周末觀賞自己地區的球隊比賽就是他們僅有的娛樂。

現在，足球比賽已經是一門大生意多於純粹的體育活動。一些歐洲的大球會，在近十年間刻意為球隊包裝形象，以商品化的形式將其推廣至世界各地，吸納了許多球迷。

美國心理學家羅伯特·史坦伯格（Robert Sternberg, 1949 -   ）認為，成為真正的球迷，需要具備兩個條件：激情（passion）與委身（commitment）。球迷必須投入觀賞球隊的比賽，為球隊打氣，讓球員確實感覺到他們的在場，互為呼應。

球迷並非單純地愛上球衣或球賽本身，他們往往是愛上整個球隊。對支持了曼聯足球隊十年、二十年的球迷來說，不論球隊經歷了多少次人事更替，仍然會忠心無間。在這種榮辱與共的歷程中，球迷找到了存在的同步感，得到了歸屬的認同。英國的老牌球隊利物浦，其支持者對球隊的愛與忠誠廣受認同及尊重，這背後的原因也許能從利物浦球會會徽上的「You'll Never Walk Alone」中反映出來。

4. 新偶像時代—— 網紅

傳統的偶像崇拜或「追星族」，到了這個網絡時代，忽然起了變化。所以馬克思說生產力或生產工具的改變會促動意識形態的改變，是有道理的。

前面我們說過，當大家共同地聚焦於網紅或 KOL，無形中就將這個「他人」抬高，使他變成大家的發言人，甚至成為其他人的號令者和統治者。於是，各人就失去其個體的差別，變成了「大眾」、「人民」、「粉絲」。他們的情緒反應，更直接地抄襲於他們共同的偶像，連行為方式都被統一起來。「我」好像無聲無息地消融於集體之中；我們活在一種「齊一」、「平均」之中，沒有了你和我。

於是，人失去了自我的個體性而只有共性，我們稱這種共性為「眾人之一」（one-like-many）。我們僅僅是某些觀眾、售貨員、乘客、司機、會員……成為不同身份的類（class）。我們將人格分散於眾人之中，同化於共性之中。「我」不再是具體的、獨一無二的；我只是一個不斷游離的份子，透過他人的導向，暫時認同「我是誰」。於是，我被世俗化了：對事情漠不關心，與他人勾心鬥角；或者推卸自己本當承擔的責任，要盡量控制他人，為自己代勞；又或者將自我投射於某些對象之上，不斷追逐……

近年網紅的數量一直在快速攀升，正如大家所說，「我們已經進入了全民直播的時代」。初期，YouTube 以

分享實驗、開箱、搞笑、生活類型頻道吸引點擊率；Facebook 則偏重以各種搞笑影片、親子、小寵物的趣怪姿態或兩性類型的頻道傳播。再進一步便是去蕪存菁而形成 KOL 及網紅人物的出現。網紅是指在網絡平台上擁有一定知名度的人士，他們透過美貌、才藝或一些幽默有趣的分享，以直播、影片、圖片持續地與特定的群組交流，他們發佈的資訊一般都是較為有趣的消閒內容，為我們不願成長的「孩子」提供了更多的「安慰」。

部分成功的網紅收入不菲，於是吸引大量不願打工、害怕煩悶的青年人加入「創業」。「網紅」需要得到很多粉絲，從而賺取更高的知名度和廣告收益，網絡紅人在網上能累積到驚人的粉絲量。而一些商業機構則看到了當中的商機，借助網紅的資訊平台及網紅與粉絲間的信任關係來推銷產品，創造了一種新的營銷模式——「網紅經濟」。

中國內地的網紅現象特別蓬勃，官方常常提到要反思網紅現象，撥亂反正，以下列舉部分論點：

(1) 審美內容淺表化

網絡紅人在網絡媒介平台傳播的內容，往往只注重內

容的「養眼」。網紅的直觀性、生動性和現場感可以給大眾提供娛樂、消閒。其內容的琳琅滿目、五光十色，讓人的眼睛為之一亮，使人真正的感到娛樂和休息，解除了視覺慾望的飢渴，滿足了「視覺上的食慾」，此所謂「養眼」。但其傳播的內容卻「不養心」，傳播者用一種粗濫的形式把它表現出來，受眾又只是從網紅當中抽取了最膚淺的成分，而不去深究內涵，這便是審美內容的淺表化。

(2) 審美活動功利化

網民愈來愈少關注文化修養，「美」在消費的衝擊下面臨崩潰。「艷」、「慾」、「裸」等極具挑逗意味的字眼頻繁出現，這種在金錢誘惑狀態下產生的網紅，本質與色情產品無異，必然會降低文化意義的異質和繁榮。此外，審美活動夾雜過多的功利性因素，以及對低俗娛樂文化的過度消費，往往會導致過度娛樂、拜金主義、拜物主義，在外表的娛樂和休閒的包裝下，消磨了人積極健康的思想感情，逐漸降低整個社會的文化品味。

(3) 審美追求平庸化

網紅現象本質是一種大眾文化，它迎合大眾的審美趣

味，滿足大眾的審美需求。然而，這種審美趣味多半是不高雅的，甚至是低俗的。網紅現象的盛行，在一定程度上宣揚了這種媚俗的低級趣味，隔離了精英文化，在媒介的助力下傳播甚廣，使得大眾的審美追求趨於平庸化，長此以往，精英文化將被大眾文化所取代。受眾在參與網紅現象的傳播時，在網絡平台中追求的是集體的狂歡、個性的張揚、純粹的娛樂。審美主體一味地追求慾望和快感滿足，將感性欲求作為唯一的審美追求，忽視審美內涵，導致審美追求的平庸化，甚至達到娛樂至死的地步。

雖然官方的宣傳通常都帶有說教意味，為了政治正確而陳義失實，不過，這一回筆者卻相當認同以上的批評。

（六）小確幸與流行「膠」[24]

輕不着地的年代，我們無法承受宏大的題材，轉而牽動「小確幸」式的歡呼。

24　「膠」是潮語，本身是廣東粗口諧音，轉化作諷喻之用，形容人的迷執或幼稚傾向，例如「大中華膠」、「左膠」，諷刺一些執迷於某種政治立場、思維僵化而不切實際的人。

甚麼是小確幸？不宜言詮，用生活例子就容易領悟：例一，帶着自小陪我長大的叮噹、Hello Kitty，來到埃及金字塔旁或巴黎鐵塔下，「打卡」[25] 自拍了一張照片，三十多歲的人在 Facebook 寫着：真是小確幸啊！例二，當颱風襲至，適值星期天，大家興高采烈在吃喝玩樂，明天是否要上學、上班？大家忐忑地邊玩邊留意着天文台的消息……最後，天氣轉向惡劣，天文台宣佈明天停工、停課，於是大家歡呼不已，這就是小確幸。微不足道的喜出望外，與我的童年能拉上關係的，現代人就會告訴你，他活得真有意義。小確幸有助於拖延、逃避煩悶，大家不說真幸福啊，而謙稱小確幸，也是一種自知自諷。

　　與年輕朋友討論，現時社會最普遍的「膠」有哪些？他們告訴我：現時大家已經對政治厭倦，不再談論甚麼「大中華膠」、「左膠」了，大家忙着上網閒聊、批評諷喻別人，或者「打卡」自娛，於是總結了幾類時下流行的「膠」（情意結、complex），我覺得所有這些情意結都是脆弱心態，又稱玻璃心思維。我們無法承擔這個輕不着地的社會，於是轉向逃避自由，現代人需要一些「束縛」，讓我們找到一些阻力，生活有一點存在的實感。

25　指拍照留念。

I. **愛戀寵物的移情心態**

朋友某天經過寵物店，發現其中一隻小狗不斷看着她，她忽然覺得她們好像在哪裏見過似的，於是就買了牠回家，開始一段人與寵物的溫情生活。

在現代社會，生活模式趨向多元化；現代人會組織家庭，但對生育下一代多了許多顧慮，愈來愈多人選擇獨居或過二人世界。現實中，人際關係有時候是如此冷漠，與他人建立深厚的友誼，或找到一個願意時刻相伴的伴侶殊不容易。就算是朝夕相對的家人，亦會有共對無言的時刻。為了排遣無底的鬱悶和寂寞，很多人選擇飼養寵物，為生活造就一點調劑。

人與寵物間的感情大多是由零開始，一見鍾情式，更難得的是這種一見鍾情的泡沫不會刺破，經過時間的沉積，感情愈發深厚。如果我們以疼惜的心對待寵物，就像我們以疼惜的心對待小孩子一樣，就可以發現大多數寵物都能因為我們的照顧而對我們有了一份依賴，依賴昇華為信任，信任昇華為親密，而成為跟我們形影不離的「親人」；就這樣，人跟寵物之間的隔膜消除了，我們會感到寵物彷彿也是一個「人」。這時，人跟寵物已超越「照顧者與被照顧者」的關係，牠們已成為家庭的重要

成員，不少人早已把牠們當成自己的兒女，對寵物以「爸爸」或「媽媽」自稱，可見寵物已升格為人類。

飼養寵物與愛護動物是兩回事：後者是對生命的肯定，認為一切生物都是平等的；前者卻是一種逃避自由的現象。原因在人與寵物之間的感情是單向的，是一種施者對受者的愛；人是主動者，寵物是被選擇上的。更重要的是，對寵物付出的愛，永不會被離棄或背叛。人只要對牠有所付出，必然有所回報。一般寵物並非像普通動物，能適應野外環境自行成長，牠們往往不能脫離主人獨立求生，主人一旦開始飼養寵物，便須承擔照顧寵物一生的責任。在這種不能倒置的被倚賴和倚賴關係中，主人對其寵物有絕對的主宰感及操控感，這輕而易舉地證實了自我的價值。人在獲取這種主宰感的同時，所承擔的心理壓力和責任又比生育兒女來得輕鬆寫意。

把寵物看成一己之「物」，將自己的喜好加諸寵物身上，主人只愛其「寵物」，卻不是愛「動物」。這種投射式的寵物之愛，其實不過是一己私愛的倒影，嚴重的說，是一種逃避自由的表現。

溫情的假象的對反是殘酷的真實，我們只有擴闊視

野，才能剝落溫情的面具。

2. 巨嬰現象 [26]

中國人有「無後為大」的觀念，加上現時生活比較寬裕，對下一代的照顧自然無微不至。數年前的春節，經過小公園，發現一群成人，大約十一二人，正圍着一個小孩打轉，小孩剛學習步行，大家當然是男家女家的親友，可以想像，活在眾人中心的小孩，成長的途程將如何「平坦」。

另一次，在茶餐廳，一位女士正為十一二歲的兒子扣鈕，穿上外套。旁邊是一位外籍女傭，幫忙提書包。小霸王們在商場撒嬌，家裏充滿玩具，小孩沉迷於電玩⋯⋯這個時代，巨嬰現象已經見怪不怪。

香港的獨生子女現象雖然嚴重，但仍遠遠不及中國內地。內地獨生子女現象的產生，可先從 1949 至 1959 年新政府剛成立說起。中共為了穩固政權、發展經濟，在內憂外患加上決策者的「火紅」式的浪漫的熏染下，政

---

26 巨嬰的名稱可能受宮崎駿的動畫《千與千尋》之影響，其中湯婆婆的兒子就是一個備受保護、縱容的巨型嬰孩。

府明顯忽略了人口問題。國家從未制定任何生育政策，於是中國出現了一個放縱式的生育高峰期——每年的人口出生率維持在 35% 以上。到了 1960 年，政府才察覺到人口問題，明確提出了生育計劃。計劃屬自願性質，因此未能有效地降低出生率，加上後期爆發的文化大革命（1966-1976）所引起的政治問題，令人口政策未能被有效地執行。[27]

據統計，1987 至 2000 年，出生率迅速下降，在短短十年間下降至 20% 以下，讓中國減少了約二億五千萬孩子的出生。

生育政策直接造成獨生子女現象。如今，城市家庭的孩子大多都是獨生子女；而「一孩政策」實行了三十年，其父母本身也是獨生子女，於是，父母及四位祖父母的注意力都集中在這個新生的小孩身上，可謂「萬千寵愛在一身」，這便形成了獨生子女特有的社會現象。在香港、台灣等華人地區，政府雖然沒有制定生育政策，但生育率不斷下跌，亦出現了獨生子女症候群。

27　參考Wikipedia「中國計劃生育政策」條目。

(1) 過分溺愛

獨生子女家庭的構成比較特殊，稱為「四二一」家庭結構（即四個老人、兩個大人和一個小孩）。在中國傳統文化背景下，獨生子女往往成為上兩代人關愛的中心，這不僅削弱了孩子的自理、自立意識，更助長了他們的「自我中心」意識。有些父母因長期外出工作，缺乏與子女的溝通，認為唯有在物質上滿足子女的要求，才能予以補償，於是新生代普遍缺乏正確的金錢觀念。

溺愛孩子的危害

據心理學家的分析，父母過分溺愛孩子，至少有下列危害：

1. 令孩子嚴重挑食和偏食

調查發現，嚴重偏食的孩子之中，獨生子女佔 81%，而非獨生子女僅佔 12%。

2. 缺乏獨立生活能力

由於父母不讓孩子做任何事情，有些獨生子女已快上學了，還不能自己穿衣、洗臉，仍要父母餵飯。造成孩子膽小、依賴性強、適應能力差，沒有生活自理能力，缺乏獨立思考和獨立行動的能力。

3. 養成「以我為中心」的自私心理

由於父母怕自己的寶寶受人欺侮，所以不讓自己的孩子與別的孩子一起玩。使孩子變得利己，不關心別人，缺乏集體觀念和共同責任感，沒想到別人，處處以我為中心。

4. 不知勤儉，卻愛挑剔

調查發現，獨生子女亂花零用錢約佔 62%，而非獨生子女僅佔 5%；又發現，有 90% 的獨生子女愛挑剔衣着，而在非獨生子女中僅佔 14%。

（2） 望子成龍

溺愛的對反是過分嚴苛，兩類父母的表現或有不同，出發點實則都是望子成龍。父母着意為子女鋪好未來發展的路，欲將他們塑造為自己心目中的「傑出人士」，以軟硬兼施的方式強迫子女去完成「使命」。

例如，中國體操隊是世界知名的強隊，很多父母都慕名把子女送到著名的體操學校，認定那是一個讓子女擁有美好前途的好機會，即使收入不多，仍要左拼右湊地交出高昂的學費。於是，那些孩子被剝奪了被愛的童年，自小寄宿於學校，每天一大清早就要起床練習：拉筋、壓腿、跳躍……不但要接受軍訓式的訓練，忍受教練的責打、選拔的壓力，更要忍受沒有父母在身邊的孤獨。然而，每年能被選拔到國家隊接受

訓練的，畢竟只有寥寥數人，落選者只好帶着令家人失望的重擔回家去。這時，這些失敗者既無法重拾童真，又不易融入生活，他們的處境可想而知。

(3) 缺乏同輩

與年紀相仿的同伴共同成長，一起溝通、遊戲，甚至競爭都是成長的正途。獨生子女則不然，他們雖然能獨享家庭裏的一切，卻欠缺與同伴分享的機會，父母對他們又萬般遷就，這就使獨生子女普遍形成了自私、孤僻及不能體諒他人的性格。而社會卻是重競爭、精英至上的，性格脆弱的獨生子女很容易在壓力下崩潰，於是，大量宅男宅女出現了，他們每天只對着遊戲機、電腦過活。

(4) 戀愛與婚姻

中國傳統社會重男輕女，在一孩政策下，父母更希望獨要男孩。現時超聲波在醫學上廣泛使用，父母可以預知嬰兒的性別，於是人工流產普及，令男女比例嚴重失調。據不正式的統計，現時中國內地的男女比例約為 1.2：1。可以預測，未來將有大量男青年因此而無法找到對象。

上海社科院青少年研究所的研究 [28] 發現：第一，中國的家庭結構以三代同堂為主，隔代撫養非常普遍，近一半獨生父母家庭的兒童由祖輩照管；第二，獨生子女在經濟上對家庭依賴更強，如在籌辦婚禮的資金上，父母全包或資助大部分花銷的比例高達 47.2%；第三，育兒模式上更依賴新型媒體網絡的力量；第四，戀愛觀念更開放，對婚前性行為能寬容接受。

（5）供養比例失衡

較有責任心、重視孝道的獨生子女面臨一個難題，一人要同時供養自己的父母和子女，有時更包括配偶和配偶的父母，從而造成了沉重的經濟壓力。根據經濟學家的預算，2012 至 2022 年這十年內，中國十八至五十歲的青壯年勞動力將減少一億，而老年人口比率有上升的趨勢，由 2005 年的 11.87% 升至 2007 年的 12.86%，而未來十年將倍增，這表示獨生子女供養老年人的重擔將愈來愈大。

3. 打卡潮流

看熟悉朋友的 Facebook，心中升起一種異樣。一方

28　參考http://sh.aoshu.com/200811/492fcc14c85eb.shtml。

面，感到跟朋友的距離拉近了；另一方面，好像窺探到他者的生活而感到不自在。事實上，社交網絡平台的性質就是如此矛盾：作者彷彿在跟你說話，卻又不然；你只是一個途人，路經而已。

一類的社交平台是由具知名度的人士（KOL）擔任講評，話題涉及飲食、政治或新聞、術數、產品開箱示範、搞笑等，其中搞笑、產品開箱示範成為 YouTuber 收入最高的項目。發展至今，我們都可以擁有自己的社交平台。個人的社交平台更像日記，鉅細靡遺地記錄每天發生的事情和感懷。

其中最流行的是打卡。打卡已經不僅僅是拍照留念，它有一種宣示感，有點笛卡兒「我思故我在」的味道──「我留影故我存在」。

主題一：今天吃過甚麼？加入小確幸思維的描繪：「今天終於吃到傳聞已久的小丸子了」、「今天的漢堡包竟然有四片酸瓜」……

主題二：旅行景點。以前的旅行打卡，需要一些毅力，例如參與不同地區的馬拉松，或者目標是要爬上中

國的五嶽、去一回西藏的後藏區等等。自娛式的打卡似乎要將留影無遠弗屆地普及化：與新款巴士合照，與演唱會的第一排合照，與每一道菜式合照。

　　平台的語句：「我」昨天早餐吃了麵包，麵包有點硬；上學遲到，途中看見一對母子經過，小孩很醜；他們正在辦公室爭吵；回家吃飯，飯有點冷，但是湯出奇的美味，感謝母親……儘管「我」跟大家素昧生平，卻似認識了許久，否則「我們」怎會談吃飯的心得、精心收藏的個人照？在網頁貼上一段蒼涼迷惘的歌詞，背景音符訴說着斷腸人的心聲；又似行人如鯽的十字街頭，充溢着令人窒息的人的流動。在虛浮的城市中，你我迷失在混濁的旺角……再將今天到訪的地方，攝入鏡頭之內，將個別空間（客體）化作體現自身（個體）的一部分。

　　社交平台只是單向的宣示，期望瀏覽者對其認同，給我一個「讚」（like），繼而變癮癖，好像在人群中高呼自己的名字。它又像一本公開的私人日記，讓外來的人可以多了解自己的喜怒哀樂，了解一個更真實的自己。這些做法，源於我們喜歡與人分享自己美好的東西、渴望得到別人關注的心理。在上載照片的同時，我們實際亦站在另一個角度欣賞另一個「我」。

自戀式的 Facebook 有雙重功能：尋找友伴的愛（companionate love）與自我揭示（self-disclosure）。

A. Maslow 說過，每個人都有從屬的需要，得到他人認同既是一種心靈需要，同時又滿足了生物上的族群保護本能。社交平台明顯是尋求友伴認同，社交平台以虛擬的網絡的隔離性為緩衝，令作者與看者產生了這種似有還無的友伴關係，例如不少社交平台中所分享的事情非常瑣碎，這類事情本應只跟親近的人分享，如今卻將其寫入社交平台中，把讀者當作自己的親密友伴（companion），但你能想像萍水相逢的陌生人向你談及他昨天跟哪個朋友去哪裏慶祝生日嗎？網頁中的作者獨自吐露心聲，其心扉隔膜薄如蟬翼。他們不必看着某人的眼睛說話，亦不會收到即時的、好或壞的回應，故此他們以未知的友伴為讀者對象來書寫，記下的事情令讀者感到異常親密。

人類往往享受向他人自我揭示，揭示自己內在的一面，為的是驅散個體揮之不去的孤離感。不過這種自我揭示，大都有自戀傾向。

前說自戀型人格的表現中，自戀者往往缺乏同情能

力，佛洛依德認為，兒童需由自戀逐漸懂得愛其他人，否則無法發展出客體愛，並且容易陷入病態自戀，他們會自我沉溺，無法去愛他人或和他人建立連繫。如此說，社交平台作者並非在建立人我的溝通，他只不過是將自己客體化，同時將他人幻作自我的投影。在寫社交平台的過程中，自戀者幻想自己正對一個客體說話，對方一定鍾情於他的感受；例如說「我」為麥當奴的漢堡包拍照，「你」亦會品味得到它的滋味。這是現實世界中不可能出現的「感同身受」。由此，社交平台作者在潛意識中對他人有一種控制感，類似於其自我在控制他或她的身體一般。

這個理論說明自戀者的心理狀態，他不斷表達，向網絡上載，其實是要抽離出外在的世界。表面上，他與讀者間有強烈的依附感，實則是沉醉於這種自言自語的境況；他無法發出愛人的能力，於是迴繞回來，藉此投射中而創造出一虛擬的「人我」關係，而一切都是自我的投影。

4. 環保癖與素食癖

這個輕不着地的時代，是沒有宏願、沒有聖賢，也沒有英雄的時代；但人總需要一些理想來點綴一下生活，於是理想主義的形態亦變得纖巧、脆弱起來。其中，環保與素食忽然大行其道，加上一點理想主義的外衣，我

們好像成為了社會的清流，與眾不同。

　　個人完全贊成二者的方向，沒有人會反對環保或茹素；現時的環境污染、廢氣排放的確已經到了相當嚴重的處境，而茹素對健康亦有所改善，這本來是一種社會共識，亦是個人的生活態度，無可批評。只不過，在輕不着地的背景下，有許多極端的「環保鬥士」或茹素人士，卻會將他們的理想提綱上線，陳義過高，成為一種道德的潔癖感，不斷向其他的社群發動攻擊。

　　拒絕成長往往要表現為理想，並且要與眾不同，再加上一點一滴的「意義」，讓生活有點重量感。本來，筆者不太願意批評這些現象，只是反省這個時代的特質的同時，感觸連一些理想主義者都被這種輕不着地的氛圍感染，出現異化。

　　文章一：現時生產商都是無視各式膠樽成為大自然天敵：有千個香港般大的海洋正被塑膠覆蓋、鳥腹全是膠物等，膠樽之惡大家不能再聽而不聞。塑膠樽的生產商根本就是人民公敵⋯⋯

　　文章二：美國醫師醫藥責任協會的主席總結說：由

於肉類內部充滿毒素，而肉食行業導致的美國人的死亡人數，比這個世紀所有戰爭、自然災害及交通事故導致的死亡數量的總和還要多！只有素食能救地球。

文章三：所有動物都愛惜自己的生命，吃素就是愛護動物、尊重生命，功德無量。素食對我們人類來說，無論是維持身體健康，或者避免因果業報，都有莫大的利益。再由個人擴大到社會國家，能令社會安寧、世界和平，可見素食的利益不可勝計。在這許許多多的利益之中，素食的最大利益，便是增長慈悲心。

（七）鼓吹漂泊感的流行曲

失戀的朋友在卡拉 ok 唱着〈好心分手〉，哭得死去活來；在 Facebook 網誌上寫道「誰來愛我」，彷彿能聽見聲聲歎息。「我不想記大過 / 也不要變大個 / 我躲進幻覺全日拍拖 / 遊蕩到天光」（〈壞孩子的天空〉）；「為着浪漫因此找對手握緊 / …… / 不夠愛亦做了情人 / 終於性格轉出缺陷 / 初嘗愛 / 幸也不幸」（〈愛恨交纏〉）；「沒有了感覺 / 沒可能從頭再喜歡過 / 有病就陪自己禱告 / 疲倦了不寄望能被抱」（〈想愛不相愛〉），「誰人又相信一世一生這膚淺對白」（〈K 歌之

王〉）……隨意抽選幾句流行曲的歌詞，就能明白流行曲似乎已成為大部分青少年的代言。

如今有太多太多的情歌，在「百度」的歌曲搜尋器輸入「愛情」，一定能搜到千首以上。我們嘗試以簡御繁，只從林夕的〈人來人往〉說起：「誰也會走／剛相戀的你／先知我們原來未夠／借故鬆開我的手」。這段歌詞說得很清楚，對方在開始戀愛時只是採取純粹試驗模式，根本未想清楚二人之間是否有愛。結果當某些突如其來的感覺消失後，二人的戀情自然不能維持。

「人來人往」在這裏指的是在我們的生命之中，有些人來了，有些人離開了。林夕用生滅常斷的佛理來描述現代人的愛情；愛情不是個人可以決定的，是否開始不全由得自己，是否與戀人分開亦不全由得自己。陳奕迅在接受新浪網的訪問時，曾談到〈人來人往〉：「……寫這首歌時，有一個目標，就是要寫一件規模很大的東西。其實我們身邊有很多人不斷與我們擦肩而過，沒有人永遠能留下來。它寫出一段關係的變化，由失去他，到愛上他，再到不愛他，再認識下一個，通過四個階段講出，人與人之間的來往，是我們控制不了的。」

一來一往，加上對象的錯位，訴說了現代人的愛情漂泊感。

朋友已走　剛升職的你　舉杯到凌晨還未夠

用盡心機拉我手

纏在我頸背後　說你男友有事忙是藉口

說到終於飲醉酒

情侶會走　剛失戀的你　哭乾眼淚前來自首

寂寞因此牽我手

除下了他手信後　我已得到你沒有

但你我至少往後　成為了密友

　　歌曲開始敘說，「我」參加你的升職慶功宴，宴後的你酒醉未醒，「我」看得出你是在借酒消愁。消甚麼愁？你的男朋友並未出現，很明顯，你們分手了。酒醉的你向「我」坦白地說出了真相：你們的確是分了手，你很寂寞，好想有人陪。結果我們不知怎的就在一起了。

閉起雙眼你最掛念誰　眼睛張開身邊竟是誰

……

擁不擁有也會記住誰　快不快樂留在身體裏

愛若能夠永不失去　何以你今天竟想找尋伴侶

誰也會走　剛相戀的你　先知我們原來未夠

借故鬆開我的手

「閉起雙眼你最掛念誰／眼睛張開身邊竟是誰」是全歌的「歌眼」，表達了愛情錯位後的落寞。你閉上眼時記起的是舊戀人，但你睜開眼睛，看到的卻是「我」這個代替品。你發現「我們」這段關係還未成熟，或者不可能再成熟，「我們」不應該是情侶，於是你借故鬆開「我」的手。一個小動作，預示了我們的結局：分手。

愛若為了永不失去　誰勉強娛樂過誰
愛若難以放進手裏　何不將雙手放進心裏

「我」問自己：我快樂過嗎？我擁有過嗎？「我」真的不知道，但這個問題已不再重要。擁有過的都會消逝，即使快樂也總會過去；執於擁有實在無謂，不必再說「誰勉強娛樂過誰」。好的，「我們」分手。雖然「我」的手不能擁有你，「我」的心卻可以：「愛若難以放進手裏／何不將雙手放進心裏」，無論怎樣，我都會記住你……

時間會走　剛失戀的我　開始與旁人攜着手
但甚麼可以擁有
纏在那頸背後　最美麗長髮未留在我手
我也開心飲過酒

故事的結局是，「我」開始了另一段關係。愛情的過程，好像自然的時間，該逝去的總要逝去，該來的總會來。當現在的「我」閉上眼睛，想到的是你，睜開眼睛看到的卻是她。現在的「我」變成了上次的你，今次的她變成了上次的「我」，愛情難道就是一種輪迴？你只留在「我」心中，「我」便覺得已經足夠，但事實上，又怎麼可能？永不足夠！

分手的戀人，最愛說的一句話就是：「你一定會找到比我更好的。」── 我當然相信這個世界上肯定有人比你好，但是已經心痛至此，又怎麼去找呢？事實上，治療失戀心痛最好的辦法，就是找到這麼一個人，不一定要比原來的好，只要能填補那個空白的位置，陪在自己身邊就夠了。失戀的人最需要一個隨時可以依靠的肩膀。於是，人來人往，無奈地繼續。

現代人回顧自己的愛情，覺得失戀並非不可承受的傷痛，但若痛起來，就會像牙痛一樣如影隨形──明明不願意想起那個人，但想不想時已是想，你根本來不及阻止那個影子在腦海裏縈繞。更可怕的是，那些症狀經常反覆發生，幾個月或者半年下來，本以為已經可以告別那段傷心的往事，但偶爾被某個細節觸動的瞬間，曾經有過的心痛又會變本加厲、排山倒海地壓過來，你會發現，努力想要忘記一個人，根本就是徒勞。

百度愛情歌曲 500 強（2011 年 4 月）

　　情歌對現代人影響深遠，只要看看網上的歌曲名單，情歌的比例佔了五分之四以上。在百度愛情歌曲榜中，筆者刪去判斷為不屬於情歌的歌曲，500 強留下的是這些名稱：

11	最重要的決定	67	下一個天亮
12	想像之中	69	類似愛情
13	你把愛情給了誰	72	十年
14	可惜不是你	73	我們都一樣
15	太過愛你	74	至少還有你
18	你不知道的事	75	我的心好累
19	順其自然	76	太完美
20	包容	77	我相信
21	看透愛情看透你	80	男人就是累
23	愛情買賣	87	愛
24	你是我的眼	88	我愛他
25	最幸福的人	90	偷偷的哭
26	櫻花的眼淚	91	後來
27	被傷過的心還可以愛誰	92	月亮之上
28	一不小心愛上你	93	不是因為寂寞才想你
32	一個人的寂寞兩個人的錯	96	錯的人
34	如果這就是愛情	97	藕斷絲連
35	愛的供養	98	最浪漫的事
36	在心裏從此永遠有個你	99	你不配
42	和平分手	101	女人花
52	她說	102	我願意
55	我的心好冷	104	假如
63	愛我你就抱抱我	106	最後一次
64	卑微的承諾	109	你的爛藉口
65	給我一個理由忘記	110	暖暖
66	全是愛	112	如果沒有他你還愛我嗎？

第三章

愛的境域

愛之好亡得下

上篇

Binding Shots

我們活在同一與差異之間，每個人都是一個個體，他是自身同一的，自身同一倒影為自我（ego）；但他又必須與他人交往、合作、相愛或競爭，我們發現了人我的差異性。同一與差異其實是指一種關係——父母、子女、兄弟、姐妹、陌生人、戀人、農民、工匠——各自差異、各自有其個體性；但他們一旦「愛上」對方，個體的人便由量變到質變，不同境域從此敞開：母愛、父愛、兄弟姐妹之愛屬於人倫親情，這些是最基本的愛之關係，中國稱為天倫之愛；另外還有友情、師生之情、愛國之情、愛護自然之情、愛護動物之情、求知之愛、鄉土之情，以至最深微的神恩之愛……而愛成為一切關係的關係，讓不同身份、愛好、膚色、年紀的人連繫起來。「愛」就好像數學中的最小公倍數（LCM），差異中有一些共同的因子。

　　愛既然是一種關係，它必須有其活動的境域（horizons），本章通過分析不同境域的「愛」，來界定人的多元性。大家最關心的可能是愛情，它雖然重要，但也不過是眾多愛之境域中的一片林中空地。以下讓我們體驗不同境域的愛，為下一章「戀戀風塵」作準備。

一、愛的四種基本模式

在西方傳統中，愛基本上分為三個層域：Eros、Agape 和 Philia。Eros 指激情的愛，包括性愛（erotica）、柏拉圖式愛；至於 Agape 則專指基督宗教的博愛，又譯作神恩主愛。Philia 由亞里士多德（Aristotle, 384-322B.C.）提出，他的德愛理論影響了古羅馬的西塞羅（Cicero, 106-43B.C.），發展出人文精神（humanism）。不過，西方的人文精神始終不是主流；人文精神的充分實現，卻在東方的儒家思想。儒家主張「民為貴，社稷次之，君為輕」（《孟子・盡心》）、「四海之內皆兄弟也」（《論語・顏淵》），強調人類的平等性；剔除了儒家的被官學化，僅僅為統治王權所利用之後，我們發現在眾多古文明（包括阿述、巴比倫、波斯、埃及，印度，希臘）中，儒家竟然是最早及最典型的人文精神，而人文精神正好與近代政治強調普世價值相呼應。

（一）柏拉圖式愛（愛洛斯）

西方哲人懷海德（Alfred Whitehead, 1861-1947）曾說整個西方的哲學無不是柏拉圖的注腳，可見柏拉圖思想的重要性。所以我們首先談談柏拉圖的愛洛斯（Eros）理論。愛洛斯

有兩種詮釋，現代的 erotica 意含是指性愛的、性慾的；色情的，是從 Eros 帶有激情的含意而引申，並非它的本意。

在古希臘，Eros 指愛神。依赫西俄德（Hesiod）的《神譜》（Theogony）描述，愛洛斯是形成宇宙的原始神之一，但之後演化為愛與美的女神維納斯的兒子，是一個手拿弓箭的調皮少年，他的金箭射進人心會產生愛情，鉛箭則會產生憎惡，令情海翻波。但柏拉圖描述的愛洛斯似乎有別於人格化的神，而是道出愛洛斯是一種追求真善美的愛慕。

柏拉圖

公元前 427 年，柏拉圖出生於一個富裕的貴族家庭。他酷愛思辨，於是跟隨蘇格拉底（Socrates）多年。公元前 399 年，蘇格拉底受審並被判死刑，柏拉圖對現存的政體完全失望，於是開始遊遍意大利、西西里島、埃及、昔蘭尼等地以尋求知識。四十歲（公元前 387 年）時他結束旅行返回雅典，並在雅典城外西北角創立了自己的學校──學院（academy），講授哲學，終生獨身。

柏拉圖哲學可歸結為理型論（theory of ideas）。他的理

論起點：世界是變化的世界，在這變化的世界中會否有不變的一面？有沒有變中的不變？這個萬變的世界是不是最後的真實？

經過縝密的思考，柏拉圖認為我們首先要將世界區分為兩層：現實世界與睿智的世界。現實世界的感官並不真實，感官只能接觸到變幻不居的世界，這世界是可以消失崩潰的；但是在高貴理性所對應的睿智世界（intelligible world），那些理型卻是永恆不變的。例如個別的人（在感官世界之內）會有生老病死的變化，但「人」這個理型，可以代表所有死去、存在及未來的人；縱使所有具體的人死去，「人」依然存在，因為它不是實物，而是透過理性心靈把握的「理型」（idea），能永恆不朽。難道真理的定義能夠離開永恆嗎？

「理型」並非肉眼可以看到，它須透過理性心靈的把握；理性心靈所看到的才是「理型」，這是形而上的（metaphysical）。[29]

進一步，人是肉體（soma）與心靈（psyche）的結合，

29　哲學中的形上學指專門研究一些終極性的問題，例如神或靈魂是否存在、世界的本體是甚麼等。

肉體會腐朽死亡，精神卻不死。甚至，他透過蘇格拉底之口道出「肉體是靈魂之監獄」，死亡讓靈魂重獲自由。柏拉圖着重理性心靈（spiritual）的運作，以此來對待肉體的（bodily）、非理性的（irrational）和感性的世界，此間有不同等級的價值，由此亦奠定其愛情理論的基礎。

我們稱柏拉圖對愛的論述為柏拉圖式愛（platonic love），它是一種精神戀愛，追求心靈溝通，排斥肉慾，這與他的理型論有密切的關係。

柏拉圖有關愛情的對話篇，主要在《會飲篇》（*Symposium*）和《斐德若篇》（*Phaedrus*）之中。其中《會飲篇》最著名，不同的人物在宴會中對愛洛斯侃侃而談，包括提到 another half 的故事，我們在下篇的《愛的盲點·電影文學篇》將會詳細分析。此處只引蘇格拉底的說法，因為在眾多柏拉圖的對話錄中，蘇格拉底這角色根本就是他的思想的代言人。

在《會飲篇》中，蘇格拉底是最後出場的。他一開口，就滔滔不絕反駁眾人的說法，說大家都誤解了愛洛斯的本義。他

說：一般人往往分不清楚愛和所愛的對象，從諸位講者 [30] 所致的頌辭就可以看到，其中有的是講愛的主體，有的是講愛的對象。但你們既然將愛看作一種慾望，那麼在想得到你們所愛的東西時，是不是已經佔有了那個東西呢？當然還沒有。愛洛斯所愛的當然是美的而不是醜的，因此愛洛斯所缺少的也恰恰就是美；愛洛斯缺乏美也缺乏善，阿伽通（最早發言的講者）卻將他說成是盡善盡美的，實在是毫無見地。（《會飲篇》201 A-C）

蘇格拉底表示他的見解不是出於高超的智慧，而是出於賢哲的啟示——把女先知狄奧提瑪（Diotima of Mantinea）的講話和當時的宗教儀式聯繫起來。狄奧提瑪說，愛洛斯既不美又不善。處於美和醜的中間狀態，是既不美也不醜的，他介於二者之間。因為他不美不善，所以他不是神——凡是神必然是又美又善的。愛洛斯不是神，更不是偉大的神，但也不是凡人，狄奧提瑪說他是介乎神人之間的一種精靈（202 B-E）。

30　宴會中包括幾位講者：一、阿伽通（Agathon）：悲劇家，宴會的主人，獲得全場大獎的「名人」；二、斐德若（Phaedrus）：整場談話的發起人（the father of logos），修辭愛好者；三、泡賽尼阿斯（Pausanias）：反對按自然討論愛慾，主張遵循習慣，很可能是智術師（Sophist）的一員；四、阿里斯托芬（Aristophanes）：著名戲劇家，同時也是指控蘇格拉底的重要證據來源；五、厄里克希馬庫斯（Erixymachus）：醫生，也許可以視為各種「專家型人才」的代表。

他徘徊於智慧與無知之間。

這位精靈的作用是作為人和神之間的傳話者和解釋者，將人的祈禱和祭祀傳給神，將神的意旨傳給人，使人和神互相補充給合起來。

蘇格拉底繼續說他的故事：當維納斯降生時，那位聰明之神的兒子 Porus（豐裕之神）參加宴會卻喝醉了，Penia（貧乏之神）一直傾慕他，想和他生一個孩子，於是乘機和他睡在一起並懷了孕，生下的便是愛洛斯。所以，愛洛斯是豐裕之神和貧乏之神的兒子—— 他既像母親，永遠是貧乏的，一無所有，甚至光着腳沒鞋穿；但他又像父親，腦內充滿點子（notions），總在追求美和善的東西。他是一個勇敢、有力、精力旺盛的獵人，是技藝和發明的主人，渴望得到智慧，終身尋求真理。（203 B-D）

愛洛斯既不是人，也不是神，他時而豐盛，時而萎謝，豐富的思源不斷湧來又不斷流走，所以他永遠既不貧窮，也不富裕。

神是不尋求智慧的，因為他們已經擁有；無知的人也不尋求智慧，因為他們沾沾自喜，不認為自己缺少。只有愛洛斯

介於智慧和無知之間，所以熱愛智慧—— 因為他愛美，而智慧是最美的東西。（203 E-204 C）。

柏拉圖將愛洛斯說成是介乎神人之間的精靈，其實暗喻愛洛斯就是哲學家（philosopher）。蘇格拉底曾經說過，哲學本來就是愛智慧的意思，柏拉圖式愛正是愛智慧之愛。

宴會中的講者，最吸引人的是喜劇家阿里斯托芬，他以佻皮的方式道出愛情是追求 another half 的說法。蘇格拉底卻批評了阿里斯托芬的看法，如果愛情是追求自己的另外那一半（another half），想達到完整的全體，他說除非那另一半是美善的，如果是壞的、惡毒的，人寧願砍去自己的手腳；所愛的也並不是原來屬於自己的某一部分，除非屬於自己的都是好的，凡是壞的都不是屬於自己的。（204 D-206 B）

由於智慧是以真、善、美為鵠的，於是智慧、慾望、情感三者就統一起來了。狄奧提瑪將這種對幸福的慾望—— 要把好的東西永遠歸自己所有—— 進一步具體化，說這就是不朽。她說：「生育是一件神聖的事情，它使可朽的人具有不朽的性質。」（206 C）

凡是有生殖力的人遇着美的對象便歡欣鼓舞，要憑美來

孕育生殖；通過生殖，有死的人可以一代一代永遠流傳下去達到不朽，這樣每個個人雖然不是不朽的，整個人類卻可以綿延不絕。男女結合生育子女「傳宗接代」是一種肉體上的不朽，它使可朽的人也分有了不朽。但更重要的是精神之生育，狄奧提瑪說精神生育是生育智慧和其他美德，一切詩人和各行技藝的發明人都是這類生育者。而最高最美的智慧是統治城邦和社會的，這種美德就是自制和正義。

如果你追求心靈上的不朽，當遇到一個有良好品質的愛人，能夠互相討論智慧和美德，由此得出精神產品，無論是詩、法律、哲學，使產生它們的人獲得不朽的名譽，受到後人崇敬，這才是真正的高尚。

不過，一般人往往愛一個美的形體（肉體），從這個美的形體認識了美的道理（logos），[31] 進一步認識到這一個形體的美和另一個形體的美是一致的，從而可以在一切美的形體中看到它們的共同的形式。到了這一步他就不會否認一切形體的美是相同的，他便可以愛一切美的形體而不必專注於某一個美的形體了。下一步他就應該掌握靈魂的美是高於肉體的美的，即使是形體上不甚美的人，只要有美的靈魂便值得去愛他，這種美

31　古希臘的Logos意義很廣泛，可以指邏輯、語言、道理、秩序等。

可以在他心中誘發智慧，以建立高尚的性情。

再進一步他便可以看到法律和制度的美，他會發現這些美彼此都是一致的；跟着他從制度轉向學問，認識到每一種知識的美，這樣他就看到了廣泛的美的領域，不會再像奴隸一樣只愛一個美的少年。

這時候他的目光注視着美的廣闊的海洋，在富有成果的討論和崇高的思想中得到哲學的豐收。一個人如果這樣一級一級地上升，最後便會突然跳躍而見到一種奇妙無比的美，他以往的一切探求都是為了這個最後的目的。（210 A-E）

「從個別的美開始，好像升梯一級一級逐步上升，直到最普遍的美。最後一直到美自身（美的理型）—— 他就真正認識到了美是甚麼。」（211 C）

他總結理型美的特徵：

·它是永恆的，是不生不滅不增不減的。

·它是絕對的，它不是部分美、部分醜，也不是在此時美、在下一刻醜，也不是對有些人美、對另一些人醜。

·它是單一的、自身存在的，它不表現為某一張面孔、某一雙手美，整全就是美。

其實，所謂柏拉圖式愛是西方文化的深層價值信念。西方思想有一種很微妙的規律，就是不斷徘徊於古典與浪漫之間；這裏的古典表示回溯、復古，浪漫則表示衝破既定的規範，要求創新。西方文化本質上是屬於浪漫的，其實就是柏拉圖思想的倒影；其特徵就是不斷推陳創新，任何新理論、新思潮、藝術風格，都要推展至極限，正是「向上而外求超越的理性精神」（唐君毅語）之表現。

後來，尼采（Friedrich Wilhelm Nietzsche, 1844-1900）就是一面倒地認為西方文化的最高形態是古希臘文化，而此古希臘文化的顛峰表現在公元前八世紀的雅典悲劇時代至柏拉圖的時代。在尼采心中，「原希臘」（Archaic Greece）遠遠優勝過現代社會，亦完全異於現代社會，因為「原希臘」是一種「藝術式文化」，雖然不認同柏拉圖的哲學，但柏拉圖式愛始終是西方理想主義的代名詞。

（二）博愛（神恩主愛）

與希臘文化抗衡的是基督宗教文化。博愛（agape）是基督宗教所用的名詞，天主教名之為神恩主愛。博愛是指神／上帝／天主對人類的大愛。博愛的特質跟母愛相近，都是無條件

的，神愛世人並將祂的獨生子賜予人類，讓人得到救贖……神愛人，不是由於人有任何值得愛的地方，正正因為人只是被造物，沒有值得愛之處，但神仍然愛我們，這就顯示出博愛的偉大……

希臘文 Agape 即拉丁文的 Caritas（香港明愛即是此名），Caritas 經常強調一種無私的愛，愛上帝、愛鄰人。這種無私的愛也經常在許多偉人身上顯露，例如德蘭修女到印度幫助貧困和患病的人。如果問她為何無條件地愛那些人，她會回答是因為上帝要求她如此。

公元 313 年，東羅馬帝國君主君士坦丁（Constantine）將基督宗教國教化之後，博愛這個理念更逐漸成為西方文化背後的動因，它是普世福音，將上帝的愛宣揚給每個人。上帝的愛是無目的，沒有愛的對象。

博愛在整個基督教中有兩個最大的觀念：恩澤（providence）、救贖（redemption）。

博愛不是一般人倫世間的感情，對神學家來說，它涉及神的救恩計劃，這個計劃被稱為隱蔽計劃，因此上帝的愛亦是難以解釋的。我所有的一切，由出生至死亡都可說是因為上帝

的愛。上帝的愛是恩澤，是為了救贖我們，祂將獨生子賜予我們，為何必須如此，這是不可探問的，因為神的愛充滿神秘。

《舊約》聖經的〈約伯紀〉就有上帝的意旨是不可測度的意象：約伯是一個有德行而且十分敬愛上帝的信徒，一天他突然失去所有，包括兒女、牛羊、僕人、財富及健康。孤獨、疾病的折磨，讓約伯開始懷疑神的存在。到了後來約伯匍匐爬出荒野，在憤怒中不斷吼叫：「為何如此！為何如此！」最後天主顯現，祂並不回答約伯的疑問，反而詰問他：「誰創造世界？誰給予你生命？」約伯終於明白謙卑，向神懺悔，承認自己的自大僭越，明白一切懷疑都是不需要的，重要的是堅守對上帝的誠信。結果上帝以加倍的興盛歸還給約伯，他因而擁有更多的兒女、牛羊及其他恩典，還活了一百四十年，長壽善終。

在《舊約》裏，猶太人、希伯來人強調的是敬畏（nomos）的觀念。希臘文 nomos，本義是指公義，這裏主要強調敬畏、敬愛的意義，一個絕對服從神的意旨的觀念。原因在於猶太教一開始就承認，神是宇宙萬物的創生者，生命由祂而來；所有價值、美、善，一切都由祂而來。所以，愛是完全的給予、完全的恩澤，愛由恩澤中呈現出來。正因為「祂一發言就有世界；祂一命令就有萬象」，所以人要敬畏、敬愛上帝，這是人對上帝的愛。當上帝的愛由上而下地施予時，這就是恩

澤,〈約伯記〉就是這種傳統的詮釋。

在《舊約》裏,神的愛與人的情愛顯然是不同層次的,神恩主愛是恩澤的愛,人對神的愛則是敬畏、敬愛的愛。上帝是全能全知的神,祂的愛給予世界的一切;可是,人是渺小的,人是卑微的,更重要的是人是罪人,有何資格愛上帝?怎麼值得為上帝所愛?所以,對於上帝的任何施予,我們都要感激,只可以把愛變為敬畏,以上帝的意旨行事。當我們服從上帝的一切意旨時,便是愛上帝的表現。

《詩篇》第 8 章 · 上帝的榮耀和人的尊嚴:

上主── 我們的主啊,祢的偉大彰顯在全世界!

頌讚祢的聲音上達諸天;嬰兒和幼童一齊歌唱。

祢建造了鞏固的堡壘來防備敵人;祢阻止仇敵對祢的攻擊。

我仰視祢親手創造的天空,觀看祢陳設的月亮、星辰。

啊!人算甚麼,祢竟顧念他!必朽的人算甚麼,祢竟關懷他!

然而,祢造他僅低於祢自己;祢用光榮、尊貴作他的華冠。

祢讓他管理所有的被造物,把一切都放在他的腳下:

牛、羊、荒野的走獸、空中的飛鳥、江河的魚類、海洋的生物,都歸他管轄。

上主——我們的主啊，祢的偉大彰顯在全世界！

《舊約》和《新約》聖經最大的分別是耶穌基督的出現。所謂《新約》、《舊約》中的這個「約」字，其實是「契約」（contract）的意思。《舊約》的「約」代表上帝的約，代表上帝不再用洪水毀滅世界；《新約》的「約」表示耶穌基督的降臨，從救贖的觀念，加強恩澤的觀念。恩澤變為重要的，但不是唯一的，救贖才是最重要。換言之，《舊約》過渡至《新約》，即是敬愛的觀念逐漸變為博愛的觀念。整個《新約》聖經中，保羅把基督教的愛表露無遺，可說是宣揚博愛觀念的經典人物。

〈約翰福音〉第 4 章・上帝是愛・7-12, 16-19：

親愛的朋友們，我們要彼此相愛，因為愛是從上帝來的。那有愛的，是上帝的兒女，也認識上帝。那沒有愛的，不認識上帝，因為上帝是愛。上帝差祂的獨子到世上來，使我們藉着祂得到生命；上帝用這方法顯示祂愛我們。這就是愛：不是我們愛上帝，而是上帝愛我們，差了祂的兒子，為我們犧牲，贖了我們的罪。

⋯⋯

上帝是愛；那有了愛在他的生命裏的人就是有上帝的生命，

而上帝在他的生命裏。這樣，愛就藉着我們，完全實現了，使我們在審判的日子能夠坦然無懼；我們確能這樣，因為我們在這世上有跟基督一樣的生命。有了愛就沒有恐懼；完全的愛驅除一切的恐懼。……

透過耶穌基督，就見得到上帝。因此基督（Christ）成為基督教中最重要的概念，上帝差遣耶穌基督拯救世人，其實是另一種恩澤的表現。[32] 人若能如此，愛就在人心中出現，上帝就在人心中出現。

〈歌林多前書〉第 13 章最著名的一段：

愛是堅忍的，仁慈的；有愛就不嫉妒，不自誇，不驕傲，不做鹵莽的事，不自私，不輕易動怒，不記住別人的過錯，不喜歡不義，只喜愛真理。愛能包容一切，對一切有信心，對一切有盼望，能忍受一切。

愛是永恆的。……然而，信心、盼望和愛這三樣是永存的，而其中最重要的是愛。

在信、望、愛中，愛是最重要的。有了愛，一切才得以

32　以上主要參考〈約翰福音〉3: 14-17。

實現，一切才得以建立。進一步，經過使徒保羅的發揚，強調「因信稱義」。[33]

《新約》聖經〈路加福音〉6 章 27 至 31 節：

要愛你們的仇敵，善待恨惡你們的；為咒詛你們的人祝福，為侮辱你們的人禱告。有人打你一邊的臉，連另一邊也讓他打吧！有人拿走你的外衣，連內衣也讓他拿走吧！誰對你有所要求，就給他；有人拿走你的東西，不用去要回來。你們要別人怎樣待你們，你們也要怎樣待他們。

假如你們只愛那些愛你們的人，有甚麼功德呢？就連罪人也愛那些愛他們的人！……

愛仇敵背後隱含着饒恕和容忍。當連敵人也愛時，這種愛才是無私。它跟慾愛和德愛所強調的不同，從慾愛和德愛而言，人可以接受自己的敵人，但不一定要愛他們。

人有寬恕的心，它是從耶穌、從上帝的救贖中顯現出來

33　保羅在〈羅馬書〉說：「我不以福音為恥；這福音本是上帝的大能，要救一切相信的，先是猶太人，後是希臘人。因為上帝的義正在這福音上顯明出來；這義是本於信，以至於信。如經上所記：『義人必因信得生。』」（羅1:16-17）主旨是效法耶穌的愛你的鄰人甚至仇敵，而非《舊約》單單敬畏上主。

的；救贖的觀念是一個完全赦免、赦罪的觀念。人不值得愛，是罪人，甚至是背叛上帝的人，儘管如此，我們仍要完全接納和寬恕敵人，這樣，上帝的愛才顯露。

這種愛存在一個責任問題，我們愛不是因為人值得愛，是因為我們有責任去愛，藉着愛去實現上帝的愛，上帝的愛是透過人完全的施予而實現，不再是 nomos 那種報答式、奉獻式、犧牲式的愛。這是一大進步。

以上是從新、舊約的內容對博愛的敘述。另一種角度，是從歷史層面剖析「神名」的本源，其中借助佛洛姆的視點，他以兼具心理學、人類學的角度來審視人神的關係。

首先，佛洛姆認為人對神的形象與性質，有不同的形態，這視乎宗教的母性或父性成分而定。

從歷史發展看，神的形象是隨着人類的社會結構而轉變的。早期猶太民族的神是具有嚴父形象的人格神，在父性的宗教裏，人們愛神如同愛一個父親；祂是公正而嚴格的：祂會懲罰、賞報。人只能被動地寄望祂終會揀選自己做祂喜愛的兒子，如同上帝揀選了亞伯拉罕、摩西、大衛……

在母性的宗教中，神具有慈母般的人格，人們愛神如同愛一個擁抱一切的母親。人們絕對信賴祂的愛，堅信自己無論何等貧困無助，甚至犯了罪，祂都會接濟、援助、寬諒自己；最重要的是，祂不會偏愛某個孩子，眾人在祂面前是平等的。對佛教的信奉就接近這種形態。

但無論是父性或母性的神，始終有擬人化的想像滲混其中，神被個人或民族的價值規範所籠罩，成了特殊的存在。筆者認為，非人格化的神更接近神的本質。一個真正信仰宗教的人，如果他追隨信仰的理念，就不會向神祈求實現自己的任何願望，因為他在信仰的體驗中，已經學會了謙卑，認識到自己的界限，虛心地承認他對神一無所知。對他來說，神是一個象徵，象徵着人類在歷史進化早期所努力爭取合理化的一切，祂象徵着精神領域，即愛、真理與正義。

信仰宗教更體現了一種情懷。人們或多或少曾迷失於紛紜的現實世界中，不知道如何抉擇，不知生之何來、死往何方，或者曾感受到宇宙浩瀚無限之不可解；更深層的，人們體悟到一切問題的根源，當人遇上疾病纏身，瀕臨死亡，即觸見人的有限性，於是，人便真實地謙卑下來，虛心面向那深不可測之神秘。存在主義者稱之為「存在的焦慮」。存在的焦慮，是人回歸其自己的存在，冀向生命的淨化，接近神聖時，所逼

現的現實與終極間的鴻溝。

這時，人僅僅對於「神」所代表的那些原則具有信仰；心中思念着真理，終生踐行愛與正義。他熱愛生命，生命呈現為價值，因為生命給他機會去充分展開其人性力量；他只是渴望獲得充分的愛之能力，它是實現「神」所象徵的、具備在人心之內的真理。而最後，有關於神的內容，他一句話也不說，甚至根本不提祂的名字。因之，他懂得了愛神聖的領域。

我們再換一個角度，以一位詩人凱薩林（Friedrich Hölderlin, 1770-1843）來說神人之間的關係。在二百多年以前，凱薩林即已見到上帝對我們這個時代的無效，「上帝」（神聖）的消亡，他名之為「上帝的隱退」。後來尼采則直接宣佈上帝死亡，痛切感覺到近代人「無家可歸」的困境。「上帝」其實是我們內心對永恆的一種呼喚；上帝本身無所謂死亡，亦無所謂隱退。凱薩林慨歎這個時代精神的墮落，這是一個時代精神的方向問題。人類與上帝拉開了距離，把上帝所象徵的永恆推遠了，各奔前程，不再彼此密切地關注、呼應。

人類信奉上帝，不僅僅是求保佑、求救恩；我們如果接受上帝是神聖的具象化，而非將上帝人格化，則上帝一定是公共的，不會為某一宗教所獨佔。這正如我們不能想像人在求精

神上遂的時候，內心卻沒有這種神聖的理念；所謂理想，不外是一種自我完滿化、神聖化的呼聲。

我們只要將「上帝」重新放回人類的文化歷史之中，即會看到這種神聖通過人類歷史的發展而不斷表現的過程。上帝是隱退還是呈現，其實是人類理想精神的表現指標，而人類理想精神的表現是有其歷史發展之時代性的。時代精神，如是向下向外的，只傾注於自然與物質，則人們不但可以忘掉自己，而且亦遠離於神聖；人的墮落，乃其精神性全失，只剩下物質性。

中世紀教會行事殘忍，排斥異端，這其實反映了人性的僵滯。人膠固於教會定義下的「上帝」，生命心靈就不能開拓變化，以至失去了自由，這並非真正的信仰。所以文藝復興乃至啟蒙運動的開展，目的就是要求上帝退一步，讓人的生命心靈自己活轉一下，讓它在自己的活轉過程中得到磨練，看看它是否能清醒自在，從而達到與上帝周流感通的境地。這個時代，上帝要歸寂，是要讓我們尋找自己的路向。博愛是人類最深的嚮往。

（三）德性之愛

Philia 由亞里士多德首先提出，專指一種德性的愛，這點很接近儒家所說的「仁」，而儒家思想更接近人文精神。

「德愛」的重點在於德性（virtue, excellence）。德愛指善良的人之間的相互關係，強調的是「交互性」（reciprocity）、善的意志和德性，純粹是人類自願追求的一種相互關係。

亞里士多德《尼各馬科倫理學》（*Nicomachean Ethics*）一書第八、第九卷對德愛有詳盡精闢的分析。

亞里士多德的名言：「我愛我的老師，但我更愛真理。」此中表示他對柏拉圖的理論有所批判。

柏拉圖認為只有哲學家真正值得擁有愛情，不過他們的愛情置於永恆的理型世界，遠離人間；柏拉圖式的愛太着重個人知性的追求，最終歸結為人根本不需要朋友。亞里士多德則認為人是一個 zoon logon echon，後來演繹為人是有理性的動物。因為人是能言、能思辨的，不能獨居，在社會中會交流乃至結合成家庭，所以語言的存在，就說明人是社會的動物。

亞里士多德的理論特色是強調目的性和事物動態的發展，他認為一切活動都有其內在的目的；人與人的結合、愛情，也有所謂「目的性」。他問：為何情愛吸引我們呢？他認為某物之所以受人喜愛，有三大原因：一、善良；二、能使人快樂；三、有用處。

　　並非所有的東西都為人所喜愛，只有可愛的東西才為人所喜愛。這就是善良的東西、令人喜歡的東西和有用的東西。人們認為，有用的東西就是由以生成善和快樂的東西。由此可見，一切可愛的事物都是以善和快樂為目的的東西。

　　但是，未經德性培養的人，不懂得如何選擇真正美好的事物。

　　他說我們首先要從交友來了解德愛。他說：朋友是重要的，除神與野獸不需要朋友外，人需要朋友，人要與他人共享生命。

　　青年人是很容易動情的。他們的愛情大多是因為情感而萌芽，以快樂為目的。火速地戀上，火速地分手，往往朝不保夕。但是這些人都希望能一起共渡時光，並從中獲得了交朋友所要得到的東西。

年長的人比較世故，會傾向選擇功用性的朋友；年輕的人則較重視當下的滿足。不過，這兩種友誼關係都難以長久。古人嘗說：「以勢交者，勢傾則絕；以利交者，利窮則散。」[34]所以，真正的朋友其實是很罕有的，真正的友情必須建基於德性，德性才是幸福之本。於是亞里士多德由擇友轉向幸福的本質討論。

或者有人認為榮譽財富便是人類的幸福，可是這些只是構成幸福的條件，並不是幸福本身。真正的幸福乃根據德性活動，而德性的本質是自足性，它依據於自己的要求、自律，不是受外在條件決定。

亞里士多德認為真正的友情可以促進人的幸福，原因是朋友本身就是德性，它是根據德性發展出來的。德性之愛定會關乎彼此的相互交往（reciprocal），所謂「推己及人」，而不只是為個人的滿足和利益。真正的友情在於相互交換善的意志，他所做的一切都是為朋友，而不是為個人利益。

由此推論，互相交換善意的朋友必定是好人；換句話說：壞人是沒有好朋友的，他們只以自己為中心，只求獲得而不會

---

34 見隋代王通《文中子‧禮樂篇》。

施予。因此，每個真正的朋友必定是善人（good man）；於是推論出：人擁有好的品德，才有好的朋友。

亞里士多德認為現實上，要修養成為一個有德行的人是很艱難的歷程，所以真正的朋友得來不易，而且友情需要花時間去耕耘、維繫。我們要特別珍惜，一個人不可能有許多朋友，正如戀愛不能是多邊的一樣。

友情是一種既純潔又深摯的感情交往，在乎共處的投契，德愛不是激情衝動，也不是受苦；它是和諧的，朋友間能夠一起共事，互相分享，逐漸好友會成為另一個自己（alter ego），從此，彼此有同步性（similarity），可以相互交流，「善的友愛是完美的，有德行的人互相在德性上相互砥礪，令彼此得以潤澤和提升，友誼令人生有意義，這便是幸福的竅門。而德性的本質總是持久不變的，所以這種友誼就永遠長存」。

亞里士多德較柏拉圖接地氣，柏拉圖把情慾棄置，只一往向永恆的世界邁進，與至善合一。而亞里士多德的德愛則強調相互性，和光同塵與善人共同分享生活和生命。他強調最高的幸福必須是自律的、靠自己的，是一種觀照的生活（contemplative life），它亦根據人最高的德性或知性（intellect）而獲得，所以最幸福的人也就是哲學家。哲者是思

想獨立的個體，其生命不再與原初血緣的生命連在一起，所以家庭不太重要。

最後，友情既以交互性為本質，即強調一種平等性；現實生活中，人與人之間無論是年齡、財富、身份及性別，總有差異，自然有不平等的情況出現。如果社會存在不平等的關係，便會出現剝削、利用及仇恨，似乎亞里士多德身處於當時的奴隸社會，未能進一步反思「四海之內皆兄弟」的人文精神。

亞里士多德

亞里士多德是典型西方哲學的本質思維，所謂本質思維是指世間的事物必然有其獨一無二的特性，我們只要能夠從清明理性的思辨中，界定某一事物的特性，就能認識其真理性。所以以上他對友情、德性之愛，都是透過定義法，作本質的推演，最後得到一些邏輯意義下的必要條件，以理性的方式來證實他的主張。純由思辨理智把握形式之理，根本是在觀念領域滑行，觀念總是普遍而抽象的，我們都明白感覺是零碎的，必須經由理智的抽象作用，始穿過感覺而提升至形式之理。所以亞里士多德的哲學始點，必待把思想與感覺分開，強調推論的一致性而忽略生活世界的豐富性。

我們試回到東方的傳統，從《史記》記述管鮑之交，便可以對比出文化上的差異與人生境界的高下。其中《史記・管晏列傳》這一段非常生動，道出知己之交：

管仲曰：「吾始困時，嘗與鮑叔賈，分財利多自與，鮑叔不以我為貪，知我貧也。吾嘗為鮑叔謀事而更窮困，鮑叔不以我為愚，知時有利不利也。吾嘗三仕三見，逐於君，鮑叔不以我為不肖，知我不遭時也。吾嘗三戰三走，鮑叔不以我為怯，知我有老母也。公子糾敗，召忽死之，吾幽囚受辱，鮑叔不以我為無恥，知我不羞小節而恥功名不顯於天下也。生我者母，知我者鮑子也。」

管仲說：「我當初貧困時，曾經和鮑叔一起做生意，分財利時自己總是多要一些，鮑叔並不認為我貪財，而是知道我家裏貧窮。我曾經替鮑叔謀劃事情，反而使他更加困頓不堪，陷於窘境，鮑叔不認為我愚笨，他知道時運有時順利，有時不順利。我多次做官都被國君驅逐，鮑叔不認為我不成器，他知道我沒遇上好時機。我多次在打仗時逃跑，鮑叔不認為我膽小，他知道我家裏有老母需要供養。公子糾失敗，召忽為之殉難，我被囚禁遭受屈辱，鮑叔不認為我沒有廉恥，他知道我不因小的過失而感到羞愧，卻以功名不顯揚於天下而感到恥辱。生養我的是父母，真正了解我的是鮑叔啊。」

司馬遷的描繪，着重品評人物，是美學境界，他將管仲和鮑叔牙視為藝術品般，道出知己相交於心的微妙。管仲未發跡先前，旁人永遠無法證實管仲之才，這表面神秘，人之相交，相交於心，除了鮑叔牙的識見外，就是絕對的信任。友情不僅僅是亞里士多德所謂純粹的德性或交互性，高尚的友情更需要體諒，需要「行權」。

（四）西方人本主義與普世價值

通常我們講及西方文化，總是從古希臘開始，但希臘是奴隸社會，人本主義（humanism）不顯，即使偉大如亞里士多德這樣的哲人，也常常以文明人和野蠻人之間、公民和奴隸之間來劃分人類的價值。不過，亞里士多德提出德愛理論以後，逐漸催化了西方的人文精神，到了西羅馬時期，西塞羅發揚他的理論，開展為人文精神，與東方的儒家相呼應。

西塞羅是羅馬共和國晚期的哲學家、政治家、律師、作家、雄辯家。他出生於騎士階級的一個富裕家庭，青年時投身法律和政治，其後曾擔任羅馬共和國的執政官；同時，因為其演說和文學作品，他被廣泛地認為是古羅馬最好的演說家和散文作家之一。二戰時，邱吉爾（Winston Churchill, 1874-1965）

在英國國會發表向納粹宣戰的講詞，就是參照西塞羅的演詞。

西塞羅博學多聞，通曉希臘文明，他發現羅馬在武力征服希臘以後，羅馬上流人士在文化上感到自慚形穢後的普遍嚮往。於是他提倡人文教養，讓羅馬人承受希臘人的禮儀文化，以馴化他們的原始粗魯野蠻。

西塞羅認為人性是普遍的，點出人性不應受階級種族所限定，這點的確比希臘人進了一步。記載中他極力提倡古典方面的教養，人必須反省如何生活，應當過一種有教養的生活，即是文化的生活。

西塞羅時代開始相信人類共有「普遍的人性」，這是受到斯托噶派（Stoic）理性主義的哲學的影響。斯托噶派以倫理學為核心，主張人的本性是理性，而真正的道德生活建立在凡事以理性作抉擇，而非順從自然的生活。不過，羅馬人的希臘化，始終只是由「外文」「內質」互相湊合所成。由於只是湊合，其歸宿之命運，自不出二途：一則徇文蝕質，此即成為羅馬人後來之奢侈糜爛；一則求捨去一切「外文」，重歸向於自然生命之質，或另要求超文而重質的精神生命。希伯來基督教之侵入羅馬，代表此超文而重質的精神生命的要求。日爾曼人的南下，則顯示時代精神的寧要多具自然生命之質的蠻人勝

利，而要否定奢侈糜爛之「文」。

在《論友誼》一書中，西塞羅認為神賜予人最寶貴的東西，除了智慧以外，便是友誼。他引用亞里士多德的話，友誼是一種完全的相合，有彼此共同關懷之處，並誠懇希冀有益於對方。只有當一個人願意以良好的德行成為有德者，才會與另一個具有良好德行的人結為朋友。此外，朋友之間需要純潔的關係，由於彼此的互利、互用、互愛、互樂，當中也存在利害的關係，朋友只會做有利於對方的事，所以朋友間最重要的是忠誠，正如中國人所說的有信有義。

人本主義經過一些理想主義者的提倡，肯定人與人之間的平等關係，推展為全人類的大愛。人本主義即是以生命的內在價值為基點，確立生命的尊嚴，所以人本主義不一定指人類間的愛，更可擴展至動物，乃至於大自然、地球生態。人本主義並不難理解，只是現代人慣於重功利效益，就很接受：人不是服從生物本能而活嗎？常言道「人不為己，天誅地滅」，為何我們要關心一些不相干的人呢？問題很難回應，這是私愛與大愛的分界點；如果以說教方式告訴大家人皆有惻隱之心、人不應自私自利、人應該愛人……個人從教學經驗中體認，這是徒勞的，服人之口卻不能服人之心，所以我改用中性的描繪方式，陳述人本主義的來龍去脈，原來它並非平空而起，而是有

一段曲折的奮鬥史。

但隨着歷史的運會，人本主義在中世紀並未得到滋長壯大的發展，而時代精神卻轉而為基督教的神本精神所佔據。全新的原罪觀念，加重神的超越性，加重人的無助感，人必須皈依於神，因此神本就是中世紀精神的核心。

原始基督教中雖有種種重人精神，但其本身仍非人本主義。第一，因原始基督教所求於人者，要在內心的純潔虔誠。此內心的純潔虔誠，表現於社會文化之禮儀者，皆非其所重。至於一般哲學藝術，更是其所輕。故其根本精神初為超一般文化的。十二三世紀為中古基督教文化之登峰造極之時，此時即出現更尊重人之理性的經院哲學。再下去則到了中古時期的末期了。第二，基督教的思想畢竟是神本的，其所謂上帝的本身，畢竟是超越於人以外以上的，而非內在於人之心性的。人心性中的原罪，使人只能蒙受上帝的恩典。

在西方，中世紀其實並非完全黑暗的，每當我們觀賞拜占庭的藝術，立即體會人性通往神性的仰慕，神聖的追尋，凝聚最內斂謙卑的人性。但是，長期的宗教苦行不斷自我壓縮，生命終趨枯竭，精神亦趨黯淡，人的生命開始欠缺活力、精神乾涸，人的自覺性一旦沉溺僵化即轉為罪惡，教廷逐

漸腐敗，理想性消失，轉而成為罪惡醜惡的淵藪。這一切都成為人性的桎梏。

十四世紀至十六世紀，所謂文藝復興時的人本主義，主要是否定中世紀封建社會與教會流傳下來的積習之桎梏。

文藝復興（Renaissance）一詞的意思原是「人的再生」。當時一批人文學者乘時而起，為忘卻那污濁的時代、那令人窒息的宗教禁忌，他們神遊於古代的文典，尋找希臘羅馬的文明，藉崇尚古人來解放自己的心靈，藉偉大的古人的哲理、高尚靈魂，來活潑自己的生命。

那時的人本主義最美妙的特徵，就是對於現實的人生、現實的自我、個性的自我，有一種春天之情的喜悅感，而且開始歌頌現實人間的愛，重視個人的才情。人文學者都堅信才情的表現發展而有成就，就是一個完滿的個性人格；充盡自己的才情而受世人稱讚欣羨，因此不斷爭取名譽是非常正當的事情。這跟後來說的人文精神仍有差距。

這是一種嶄新的價值觀，由於人性與自我的覺醒，教會要求克己逐漸失去了制約，社會上普遍崇拜天才，肯定生命洋溢的才分，人文學者亦毫不客氣，比如當時著名的彼得拉

卡（Francesco Petrarca, 1304-1374）就是一個多才多藝的人。他很率直地說他的事業目標是名譽，坦言自己具有特殊的語言才能，無人能及。他認為人應該培養育成自己的容貌、姿態、聲音、言語等才幹，讓自己成為獨一無二的人。所以人本主義者都是努力要成為特殊的人，承認自己個性的價值，並且加以尊重，讓生命強大、豐盛，與教會強調自我壓縮的禁慾精神背道而馳。

另一位我們熟悉的完美追求者是李奧納度‧達‧文西（Leonardo Da Vinci, 1452-1519），他具備多方面的天才，是畫家、技師、數學家、物理學家、軍事家……在當時人本主義的情調下，這樣兼多方面發展成為特殊的人，同時也就是完滿一個人格而成為典型的「全人」。

人本主義所以能解開時代風氣的糾結，開啟新文化運動，因為它在反神權僵化、反物化之中，撐開了人性的價值。它的精神方向後面有一種美學的欣趣情調在鼓舞，故對於任何人間事業有內在的興趣。這是一種藝術的建構精神，這種富於喜悅感的生活情調是想像力及創造力的本源，我們也可以說它是一切建構、一切成就的本源，故文藝復興能開啟西方近代的文明與文化，開風氣之先。

隨後十七八世紀的啟蒙運動（Enlightenment），繼續推動人文精神。啟蒙運動的特徵是個人主義、自由主義、人權運動、民主政治的出現。論者認為啟蒙運動是把文藝復興時人本主義所代表的情感化的生命再予抽象化，凝聚為「個人主義」（individualism）。

　　啟蒙思想的精神是理性建構的，重視分析性、系統性。理性的收縮凝斂，便含有壓制沉着的意思，把那原本豐富的、生命的、踴動而具體的生活情調收斂而成為理論系統性，因而也就是一種限定；有了這種限定，個人主義才會出現，接着自由主義成立，再隨着民族國家的獨立，便有人權運動、民主政治的出現。啟蒙運動直接影響了法國大革命，從此西方為脫離皇權專制而奮鬥，而人文精神的完成，就交給德國的新人本主義者，稱為狂飆運動（Sturm und Drang）。

　　文藝復興的人本主義者感到與中世紀的神本對立，與宗教不相融，而狂飆運動的人本主義，則與神不對立，而與宗教相融洽。歌德（Johann Wolfgang von Goethe, 1749-1832）等人提倡自我個性的覺醒，更順生命的神聖感而向上提升，深入生命的內部，以開拓心靈，通透生命的本源，這是文藝復興時的人本主義不能做到的。

本來，「生命」是一整存體，它既非物質亦非純精神，它既無物質的廣延性，亦無理性的清明性，但它有一種連綿不斷的衝動性與創造性。要說它起於何時，這是未能指明的；要說它終於何時，這也難以預料。狂飆運動的人本主義者只是順就生命本身如其所如而深深體驗到它的無限性與彌漫性。整個的現象宇宙背後是一個大生命在彌漫、在潤澤，譬如表現出來的是一棵草、一塊石頭、一塊泥土，各個分離而相滯凝；天旱，草枯了，泥土裂成乾塊，一有雨露潤澤，則萬物生機盎然、諧和遍滿。文學家就從雨露潤澤這自然的妙趣中去體會那個彌漫在背後的大生命。

他們以尊重「人生」為中心，形成了「人格」觀念。「人格」觀念落實為主體主義，人是自己的主宰，人能自覺地主宰自己去生活。這樣體會的生命，生命具有神性，它的深遠的無限與生動的創造這就與神通上了，而神亦即在生命中被體驗，在這意義下，人人都是大自然的子女，我們都是平等的。由此人文精神終於生根滋長。

到了近代，兩次大戰的震撼，讓歐洲人陷入前所未有的虛無中，思想家對西方文明危機不斷深切反思，作存在的呼應，帶有「悲情的呼喚」。人的呼喚就是人對於上帝的呼喚，也就是對於人自己的呼喚。這種悲情是一種對於時代的悲

情，眼看到人的「無家性」，一般生活之庸俗、陷落，趨於「非人格性」，他們確有生命的悲情，對人類在歷史中陷入物勢機括感到可悲，希望提出挽救人類走出文明危機的路向，形成了存在主義思潮。下一階段，就是普世價值的發展。

美國第十六任總統林肯領導的聯邦軍在南北戰爭中取勝，成功解放了黑奴。南部的白人認為自己的民族比黑人民族高尚，為顯示自己的優越感，歧視便出現了。林肯之解放黑奴，象徵人類對生命本身的重視，生命的價值是內在，不因外表、智力、種族、美醜而有所差異，後來再引申追求男女平等、種族平等。這就是我們常常稱道的普世價值。

普世價值是近代政治的核心觀念，大部分的民主國家都接受它為人類文明的表徵。它是經歷羅馬至文藝復興、啟蒙運動的發展，一方面反神權，一方面因着政治體制的改變，從貴族政治改革至代議政制，強調人人皆生而自由、平等，於是人本精神正式轉化為普世價值。

甚麼是普世價值呢？

1990 年，猶太籍的心理學家施瓦茨（Shalom H. Schwartz）曾進行實證研究，調查普世價值的內容。他說的普

世價值涉及三個不同類型的人類的需要：生理需求、社會統籌的需要，以及與福利和群體生存相關的需求。在對四十四個國家、不同文化、超過二萬五千人的一系列包括問卷的研究中，施瓦茨得到的結果是，存在十個不同類型的五十六種具體的普世價值：

・安全：強壯的肉體以避免疾病和天敵的傷害，以及更高效地獲取物質、繁殖後代。清潔、家庭安全、國家安全、社會秩序的穩定、報恩、健康、歸屬感。

・享受生活：擁有生存必需的物質，如食物和財富，作為快樂享受生活的保障。

・權力：權威、領導地位、主導地位。

・成就：成功、能力、雄心、影響力、智慧、自尊。

・刺激：大膽刺激的行為、多樣的生活、精彩的生活。

・自主:創造力、自由、獨立、好奇心、選擇自己的目標。

・普世性（道德）：博大胸懷、才智、社會公正、平等、和平、美麗、與自然的融和、對環境的保護、內心的和諧。

・慈善：樂於助人、誠實、寬容、忠誠、責任、友誼。

・傳統：生活中的自我定位、謙讓、虔誠、尊重傳統、平和。

·社會整合：自律、服從。[35]

（五）儒家與人文精神

我們稱西方為人本主義，而東方的儒家則稱之為人文精神，雖然都可以稱為 humanism，但事實上兩種文化的背景不同，此中同中有異。

儒家是最典型的人文精神。所謂人文精神，簡言之，就是以人為價值的存在，人異於動物的地方，此處「異於」並不是指人的生命價值高於動物，而是指人特有的自覺意識，他會為自己的存在尋找更高的意義，人類不僅僅為求「食色性也」，他會為存在的意義奮鬥。

基督教教義則要求信徒必須敬畏唯一的神，自己始能得救，為了侍奉神，遵從祂的意旨，所以愛其他的人，為他們傳福音。這種愛有點交換意味，相對而言，佛教的慈悲較接近母

35　參考Schwartz, S. H. and Bilsky, W. (1990). "Toward a theory of the universal content and structure of values: Extensions and cross cultural replications". *Journal of Personality and Social Psychology*, 58, pp.878-891.

愛，佛家倡言慈悲，「慈」者予愛，「悲」者憐其苦之深，慈悲就是平等地關愛一切眾生，不過佛家以世間無常，始終強調捨離，所以未能正面開出人文精神來。又戰國時墨家倡兼愛，認為「天下之人皆不相愛，強必執弱，富必侮貧，貴必敖賤，詐必欺愚。凡天下禍篡怨恨，其所以起者，以不相愛生也」。即天下之所以起紛爭，不同的人互相敵視，皆因缺乏平等互愛的觀念。墨子明顯主張人類應有互相平等對待的愛心，可是兼愛論在實踐上是有問題的，人總有差別心，不能將孝敬自己父母之情等同孝敬他人的父母。所以王陽明說：遇上饑饉荒年，你只剩一個餅，你會給自己的父母充饑，還是給予他人的父母？

因此，儒家才是典型的人文精神。儒家首先肯定人皆有惻隱之心，惻隱之心就是同情心、同理心，儒家認為依此仁心的感通，人都會相親相愛，「四海之內皆兄弟也」。這種人文精神跟西方的人本主義有相通處，但表現上卻又不同，原因在文化形態的差異。

古希臘是投向外在自然而形成的理智好奇精神，輾轉凝聚為一種向上而向外的超越精神。向上示其理想性，向外示其外投於對象，求單一性的真理。而超越性表示一種要求，不斷越過其現實性，衝破過去的限制，勇敢邁向未來。這是西方文化的動力主流。

尼采《悲劇之誕生》一書最能道出西方文明的特質，他說西方文明包含兩種精神，一為阿波羅式（Apollonian）的清明平靜的科學哲學精神，一為狂熱而帶悲劇意識的狄奧尼索斯（Dionysian）精神。希臘神話中，人與神及神與神衝突之多，即表示希臘人的精神與東方的儒家精神不同。

　　於是，希臘人原來的悲劇色彩，滲透柏拉圖的二元世界觀，便容易形成一種張力，兩種力量抗衡着：一方面它鼓動西方的冒險勇進精神，不斷追尋理想，不達目的，永不罷休；另一面它卻使西方社會陷入緊張對立的懸隔中。西方此種文化精神如蹺蹺板，一起一伏，永遠動盪不息，又如鳳凰涅槃，能引動大浪漫的想像；可是整體的文化生命，不可能永遠處於此剛烈的奮鬥衝刺，必求內部的溫潤。於是基督教的愛與謙卑安撫此英雄式的文化生命，讓每回折翅而歸的鬥士暫且歇息。所以，Eros、Philia 和 Agape 三者是互為扣緊、互相平衡的。

　　儒家的人文精神是農業文明的基石。中國文明長期大一統，一方面是象形文字的貢獻，[36] 更重要的是儒家哲學的普及

36　象形文字的圖像性，讓不同區域的中國人，即使說着不同的語言，卻有一共同的圖像可認識和溝通。相對而言，拼音文字文明容易受時間與地域的影響，發音逐漸變異，例如法文源自拉丁文，到了現代卻互不能溝通。

性。而儒家思想為何數千年都是中國文化的主流思想？一說農業社會重人倫關係靠近，以利勞工密集的農耕活動，這是社會學的角度，真正的原因，是儒家把握住人性中是常項的東西──倫理親情。

孔子的使命，不同於蘇格拉底、柏拉圖尋求建立一理想國（Republic）；他處於春秋時期，感受諸侯間的稱霸與僭越、戰禍萌芽，已經敏感地預見到社會將會禮崩樂壞，結果到了後來的戰國階段，社會真的陷入大規模的戰爭兼併之中。[37] 雖然現實上孔子無法改變社會的瓦解，但是經歷春秋戰國數百年的生靈塗炭，秦漢統一，人心渴求和平大一統，希望國家不要再分裂，已成為社會的共識。而董仲舒獨尊儒術，也只是個助緣，當時正好是孔子思想應世之時。

孔子的政治思想是正名分，使居其名位者，有其名位上原本的德性。所以孔子的使命是繼往以開來，刪詩書，定禮樂，以教後世；現在我們批評三綱五常、道統傳承是封建思想，但在戰亂頻仍的當時來說，恢復社會秩序是首要之務。

37　春秋戰國是秦始皇統一六國前一段混亂的諸侯爭霸時期，據梁啟超《中國史上人口之統計》，當時各國的人口總和約三千萬，但一場大戰往往有數十萬甚至上百萬士兵參加，傷亡巨大。據估計，傷亡最多的是秦國攻打趙國的長平之戰，達七十五萬人。

更重要的是，孔子思想最影響後世的並不是政治理論，而是發現人性有一種道德感情，它是維繫人類和諧共同生活的基礎，此道德感情發自人類的心性，心性就是孔子所說的仁；孟子將孔子的仁、義擴展為四端之心：惻隱、是非、羞惡、辭讓。人類就依着此四端之心，超越其生物本能意義的求生機制，成為德性之愛。

孔子的思想相當普及，例如提倡仁義、重視克己的工夫修養等，大家已經耳熟能詳。下面我們嘗試討論孔子比較哲學性的「義命分立」觀念，以對比他跟亞里士多德及西塞羅的異同。

同樣重視德性，孔子是現實上由道之行與不行，體悟命限與道德實踐的辯證關係。人之求行道、求實現理想，原為反求諸己而自盡其心之事。然而，落在具體的社會條件、歷史機緣運會之中，即有道之不行的可歎。當遇上道之不行的時候，君子應該如何自處？

孔子言絕四工夫，是「毋意，毋必，毋固，毋我」，即無陷於意氣，不作絕對的期望，放下成見執着，無以私我為中心。這種「無可無不可」的工夫，不僅是正面修養工夫，目的在對應命的曲折性。孔子說「用之則行，舍之則藏」，就是在修養上準備承擔「道行之」或「道不行之」這兩種結果。用之

則行，社會有機緣條件可以實行民主，固是義之所當然，有所承擔而推動民主；但當機緣條件不足，社會欠缺教育、經濟等實行民主的先決條件，則「舍之則藏」，亦義之所當然。其中「舍藏」顯示儒家與道、佛的方向不同。道、佛重放下，亦有「舍藏」意味，不過總有點偏於出世意味，成虛歉型態，對現實生活稍欠缺進取承擔。

儒家是從人生積極的一面立言，故此不同於佛、道，自然肯定道德剛健勇進的一面；所謂「所欲有甚於生，所惡有甚於死」，「任重而道遠」。這是因為儒家有一個信念，即以人作為在天地中唯一的真實，孔子說「我欲仁，斯仁至矣」[38] 就是代表。因人之真實，這最真實的真實，是不假外求的。在「我欲仁」中，孔子用「欲」一字，明顯是為對比人其他一切慾望而言。人都以為在種種慾望中始有真實的自我，以為隨慾望不斷選擇的自由，是真實的、獨立自主的。孔子說「我欲仁」，仁必會「至矣」，表示仁才是內在的，仁是如此地無待，人只要反身而誠，它就立即呈現。立即呈現是被給予之先在。[39] 人不一定明白其形上的本源，我們卻知道，人的美善及真實，無法透過其他事物的美善及真實而達至。這非事實真理的問題，而

---

38 《論語‧述而》。

39 「先在」是歧義的，有本能之先在與四端之心之先在。

是價值的問題，甚至是人類自己的心靈是否真實的問題。

《論語·陽貨》中有一段很著名，宰予問孔子：父母死了為甚麼要守三年喪呢？從語脈上看，宰予大概認為三年之喪太久了，短一點行不行呢？一年行不行呢？這個行不行並非知識，也沒有邏輯的證明，這是自覺的問題。

從形式上，三年之喪是對應於嬰孩在三歲前完全依賴父母的照顧，這是一種回報感恩的表現；但就守喪的形式上說，三年時間並非必然的。但是，三年之喪有更重要的含意，是我們對父母的去世有沒有真實的哀傷感覺。所以當宰予這位做大官的學生不斷希望逃避這禮儀的時候，孔子就反問：「食夫稻，衣夫錦，于汝安乎？」

孔子的話很容易了解，很具體、真切。父母剛去世的時候，你吃好的稻米，穿好的錦繡衣服，心裏安不安呢？孔子是從當下心之安不安來指點仁，而非對仁下定義，下定義是蘇格拉底的路。宰予說：「安。」孔子無奈只好說：「汝安則為之。」宰予說心安，就表示他麻木了，對父母的逝世沒有親情的觸動。宰予出去之後，孔子慨歎一句：「予之不仁也。」（宰予竟然沒有親情仁心啊。）

從安的地方說宰予是不仁，那麼反過來說，宰予如果不安，仁不就顯現出來了嗎？可見仁不是個知識的概念，也不是一個柏拉圖式的理念。照孔子的教法，仁是一種修養，我們只能培養它的靈敏度，不麻木，不要心死，仁心就可以隨時呈現。

　　另一段深切的人生體驗，見於《論語·子罕》：「可與共學，未可與適道；可與適道，未可與立；可與立，未可與權。」大意是大家可以有共同的興趣，例如你我都喜歡數學、喜歡物理學，於是一起學習，但不必有共同的志向；假如我們志向相近，希望一起推廣科普教育；可是當大家有共同的志向，為社會服務的時候，卻未必可以共事合作。許多政治運動的創立者、生死與共的戰友，到了後來因種種意見、意氣而翻臉，甚至互相清算，例子屢見不鮮。所以可以「立」，指建立事業，能創業卻不必能成全、包容對方。孔子這裏更深層地體驗人生為難得一知己，既生活化，又不失其智慧平正。

　　另一位儒者孟子，是後孔子百多年的鄒國人。孟子較孔子重視建立儒家的體系性，他創立四端之說，加上戰國時期戰爭的規模較春秋時更廣泛、更殘酷，所以孟子所處正是危急存亡之秋，更需要重建社會的秩序。可是孟子周遊列國，遊說君主行仁政，都不見用，於是一樣退而講學。

孟子的「性善說」素來被誤解，好像孟子思想太天真，認為人生下來都是好人。稍有人生經驗都知道人性充滿幽暗，人生來就在親切性與人生智慧方面較動物深睿殘酷。所以我們應放下成見，不宜把「性善說」等同樂觀主義。筆者在《哲學的追尋》[40] 一書已經寫過孟子的理論，此處從略；我們試從孟子討論「立命」、「命限」這個論題切入，以見孟子的親切性與人生智慧之深睿。

　　〈盡心下〉有一節：「仁之於父子也，義之於君臣也，禮之於賓主也，知之於賢者也，聖人之於天道也，命也，有性焉，君子不謂命也。」大意是世間中父母與子女是直接的仁愛，所謂父慈子孝；其他如君臣、賓主互相敬重，賢者相知，聖人對宇宙終極的體悟等，都是非常合情合理的，可惜現實上往往事與願違，所以孟子慨歎此間有命限。命限不同於命運，命運是我們受着外在的限制，故有被命定的意含；命限是道德實踐中的一個莊嚴觀念，即是說，我們即使盡力克己復禮，仍然會遇上人生處境中種種不可思議的限制，這就是命限。

　　以上的文獻中，其中「知之於賢者」，最能與亞里士多德的德性之愛相激蕩。「知之於賢者」，是智者相知的難處，亦

40　中文大學出版社，2004年。

教人體會人間的命限。以南宋朱熹與陸九淵為例，二人同為碩儒，但鵝湖之會，意見不同，終生不能互相溝通。人往往可以契會古人的情懷、意境，原因是在時空的距離下，可以撇除主觀的意氣情緒，而感通於明冥；反之，現實上，即使大賢大智者，都不易放下主觀的成見，而互為排拒，甚至反目對抗。賢智者尚且如此，況於凡乎！人常會遇到不時之譽、求全之毀，可見命之艱難與不可思議。孟子仍勉勵之，不可藉口氣質隔限，人有相知之艱難，而放棄此充盡人與人間的感通理解，所以說「命也，有性焉，君子不謂命也」。人生處處有不易克服的命限，但是君子認為人之相知是理性應然之事，所以他要自覺勉力而為，知其不可而為之，這就是道德莊嚴的地方，君子不會輕言放棄，以人之相知是命運使然。

儒家的人文精神與亞里士多德的德性之愛和西塞羅的人本精神是同一個方向的，都強調人有普遍的人性，人類擁有尊貴的自覺要求，人的存在不僅僅為了溫飽、滿足，更求關心他人，重視普世的平等。儒家的實踐進路，能夠從個人的道德提撕領悟人生智慧，並且明白到道德實踐的艱難性、命限性。

二、人間世之愛

愛始終是屬於人倫世界的，這裏有不同類型的愛。人生於世，必然是一種關係：（一）自我與自己的關係；（二）自我與他人的關係；（三）自我與自然或天地間的關係。而「愛」更是一種關係，它是各種關係的橋樑，所以是一切關係的關係。即使是自戀，人以自己為愛戀的對象，此中仍然是一種關係——自我與自我的關係。

（一）母愛

人類是唯一伴隨着哭聲降臨世界的動物。嬰孩離開子宮的那一剎那，他便放聲大哭，因為與「自然世界」的破裂，讓他深感自己成為一個單獨的實體而產生的孤獨感，等待他的是不確定、不可知的世界。我們能夠成長，基本上是依靠母親的哺育、關懷，所以母愛是人類最原初遇上的愛，它幫助我們克服存在破裂的焦慮。

從愛的理念上說，母愛是愛的完型，因為它是無條件的。母親愛她的孩子，並不是因為孩子為她實現了任何特定的期望。作家冰心小時候曾問母親為甚麼愛她，母親答：不為甚麼。

「慈母手中線，遊子身上衣。臨行密密縫，意恐遲遲歸。誰言寸草心，報得三春暉。」唐代詩人孟郊在這首〈遊子吟〉中歌頌了母親對他無微不至的愛，更重要的是，母愛不望回報。其他的愛，大多都附有條件：因為我美貌，因為我富有，或因為我有才能，所以值得被愛。「值得」的愛滲出一絲苦澀：我之所以被愛，不是因為我自己，而只是我的某些條件討他人的喜歡、重視，所以被愛。以此推論，「我」根本不是被愛，而是一種交換；一旦我不再貌美、不具有才能、不再富有，「你」就不會愛「我」了。無怪我們成長之後，仍然渴望母親的愛，追尋無條件的愛。

（二）父愛

真正慈愛的父親，同樣好像母親般為子女奔波，無條件付出一切。父愛、母愛是無區別的，不過從社會學的觀點看，尤其在傳統的父權社會，父愛跟母愛有根源上的差別。母親是我們由之而來的家鄉，她是大自然、是土壤、是海洋。父親雖然不代表自然世界，但他代表着文明，代表着思想世界、政治經濟、法律與秩序，亦代表格律、生命開展與冒險。在父權社會中，父性表現為知識，他為兒童顯示走入文化世界的道路。私有財產開始存在以後，父親掌握了家庭的經濟

權力；更重要的是，父親可以挑選繼承他產業的兒子，於是他主導了兒童成長的價值方向。

父系社會是人類文明發展過程中一個特別的歷史時刻；這時，母親在家庭中最崇高的地位下降，父親變成了最高的權威。父系社會的特質是建立了原則與法律，而人倫關係亦起了變化，兒子對父親表現為服從而非親近。

社會學說：男性由於不能直接生育，只能退而求其次，在眾多兒子中，選擇最像他、最服從他的一個來繼承其地位、財產等。所以父系社會首先發展出私有財產的觀念，並且很自然地發展為階級社會。這時候，兄弟間原來平等的愛不見了，他們彼此成為了競爭者。

（三）兄弟姐妹之愛

動物的天性是保護自己，對別的個體心存防衛、競爭；兄弟姐妹是個體一出生後除了父母親之外，最親近的他者。他們一同分享父母的愛與關懷，分享同一姓氏，同根同源。本質上，兄弟姐妹之愛是無分彼此的愛，我們視兄弟姐妹為自己的一部分，不會與之斤斤計較。不過，雖然這種愛包含了無私的

犧牲，但同時又存在身份對比和競爭，心理學稱之為 sibling rivalry，就是彼此爭寵，爭取父母的愛與關注所引起的對抗；一般來說，大家逐漸成長，這種對抗爭拗便會減輕。

在傳統社會裏，男子多肩負起傳宗接代、繼承祖業的責任，父母特別寄望兒子能團結一致、互相扶持，看守家業，於是，兄弟們從小就被父母教導要相親相愛。推崇兄弟相愛的不僅是父母長輩，整個社會對兄弟關係似乎都有特別深刻的期望：兄弟好比手足，一體相連不能割捨，在父系社會中，家族的團結高於血緣的親情。

相對而言，姐妹間的感情就比較單純，屬血緣的。加上女性先天上已經重視感情交流，所以姐妹之間除了特殊的機緣，例如才能上、外貌上相差太遠，又或者由於父母偏心，才會出現惡性的妒忌。一般來說，姐妹間的感情較兄弟間來得和諧、平順。

我們發覺，兄弟姐妹間的感情破裂，往往不是由於青少年階段彼此競爭（sibling rivalry），而是成長之後面臨重大的利益問題，例如權力繼承或家業分配。人倫最大的不幸，就是兄弟鬩牆，感情與利益糾結在一起。歷史中的權力鬥爭，兄弟間為了爭奪王位，骨肉相殘，專制王權的悲劇永恆重複；

現實世間更普遍的，是家族爭奪繼承權益。富豪尚未辭世，病房外已議論紛起。假如富豪將家產平均分配，年長的，或為家族事業付出較多心力的不願妥協，認為不公平；反之，父母按才能來分配，分配得較少的，自然埋怨父母偏心，覺得不合理……無論何種分配方法，都屬家家難念的經；兄弟鬩牆、姐妹不和，除了利益之外，更深層的是，他們內心必然會考慮父母對自己有否偏心，權力、財產可能只是外緣，更深層的是牽動了愛的佔有慾；兄弟姐妹間存在一特殊的公平定義，就是父母不能愛其他的兄弟姐妹比愛我多，偶爾只要多了一點點，就會引起微妙的怨懟。

（四）朋輩友情

德性之愛是人類的共同關懷，所謂普世價值；但青少年有一共同體式的緊密關係，跟德性之愛不同，我們稱之為朋輩友情。

筆者從網上搜尋得一些金句，相信不少是青少年的心聲：

我們的友情能使喜悅加倍，能使悲傷減半。

無論快樂或寂寞，請記得友誼的手永不收藏，我是你最好

的朋友。

有一種感覺，不因時光而流逝；有一種友誼，不因距離而拉長。

相遇是緣起，相識是緣續，相知是緣定。

我大概是一隻鳥。充滿了警覺，不容易停留。所以一直在飛，希望找到落腳的友情。

我的世界是寂靜無聲的，容納不下別人，但希望有真正的朋友。

朋友之間，難道比不上一個負心人嗎？

朋友，我當你是我永遠的朋友。

真摯的友誼，不會因時間的阻隔而沖淡；昔日的承諾，也不會因漫長的歲月而改變。

年輕人的友情觀帶有濃厚的自我中心色彩，一方面他們尚未有經濟獨立的條件，剛進入反叛階段，對家人開始疏遠，於是非常需要朋輩的支持和認同，廣東人稱之為「死黨」。死黨是一種特別的友情關係，人成長後進入成人世界，開始涉及競爭、利益，從此友誼再也不是如此純淨。

在戀愛大過天的前提下，友情最大的功能是安慰不斷會遇上的失戀的「我」，特別是女孩子，朋輩友情成了過度的倚賴、拒絕成長的助力。友情的本質，我們還得參考前人的看

法。在眾多哲學家中，亞里士多德對友情、友誼的論述被公認最為經典：

朋輩友情不是必然產物，它需要後天的創造經營，包括選擇對象及賦予對象一個新的價值和意義。相對於男女情愛經常出現保護與倚賴、主導與服從的關係，友情則與具有平等特質的兄弟姐妹之愛有類同之處；我們常常聽到朋友、知己之間以「兄弟」、「姐妹」相稱，此平等並非體現於人的實際能力及地位，而是精神上的一種同步感。

I. 男性間的朋輩

男性朋輩的友情往往建基於共同的興趣或理想，例如踢球、玩電玩，這些興趣及理想多為外在、具體興趣。他們在追求相同的目標時互相給予支持，男性開始喜歡滔滔不絕的爭論，許多時是為爭拗而爭拗，而志氣相投的，會通過理性的討論得知對方的人生價值觀與自己的契合，因而產生惺惺相惜的感覺。

男性友情經常呈現出「信」、「義」的形態，「義無反顧」、「兩肋插刀」往往用來形容朋輩深刻的友情；另一方面，男性的友情很少表現出安慰、同情等行為，這可能與男性形象的定型有關。男性在社會上一般被定型為

決斷的、有勇氣的、有原則的，而他們在社會教化的過程中潛移默化地吸收、學習，又再次鞏固了這種形象。

成長後，由於社會文化等原因，男性較為重視事業，而其家庭關係以外的人際網絡對於事業的發展十分重要，故較之其他關係，男性普遍較女性重視共同興趣，正在熱戀的男性可能會一時戀棧溫柔鄉，但很快就會回到一起打球的朋友當中。

2. **女性間的朋輩**

女性友情多建基於相互間情感上的分享和分擔。朋友擔當着感情交流和宣洩的角色，在對方軟弱時給予情感上的支持，而不是理性地幫助她們分析及解決問題。女性友情的行為表現比男性的親密，她們較容易剖白自己內在感性的一面，這對於增進朋友間的相互了解及建立深厚的感情是重要一步，故女性朋友之間的距離感相對較低。

女性之間的友情體現為互相體諒及關懷，這些抽象的行為和感覺容許較大的想像空間，在期望及追求完美的友情下，投想出不一定能夠實現的、理念化的愛；女性間的友情可以發展出超越一般友情的柏拉圖式的愛，追

求友情中純潔、永恆的價值。

女性能藉生育下一代來延續自我的生命，社會文化所確立的女性形象也偏重女性在家庭中的角色，故她們投放在建立友情的集中度比男性低；面對愛情與友情之間的衝突，女性通常會捨友情而取愛情，生育後會花大量時間照顧子女，減少與外界的社交接觸也是常見現象。

3. **異性間的朋輩**

在孩童時代，同性或異性友情並無大分別，對於生活圈子內所有同伴間的關係，孩童均感覺是一種友誼。但在進行某些活動時，參與者會因性別的不同而被劃分，以至有較多機會與同性的人相處，造成與異性同伴較為疏離。成長以後，異性友伴比同性友伴多了一重分別——他們有機會在友情的基礎上發展出男女情愛。

異性之間的友情所以難得，在於它既能使雙方互相了解及支持，又能讓彼此保存友情的距離感，不涉及男女情愛。傳統保守社會為異性間的接觸製造了不少屏障，即使在今日，兩性之間仍存在着不少衝突及對抗。異性間因為社會因素而較難建立深厚關係，但關係一旦建立，卻又比男女愛情甚至同性友情更為穩固持久。

由於兩性在生理及心理上追求的目標均有較大的差異，兩者循不同方向發展，從而降低了相互間在社會中互相競爭的機會，間接減少了因同儕之間競爭而造成的猜忌，消除了建立友情的一大障礙。

　　男女建立友情關係，是深入了解異性的途徑之一。如果異性間有可能發展成愛情關係，那麼，將彼此的不同了解得愈清楚，對愛情產生的期望就更實際，而其愛情關係就愈穩定。反過來，異性之間深厚的友情也可能建基於過去二人的愛情，經歷過愛情階段而昇華至友情的關係，彼此由最親密、要求佔有的關係，退後一步形成可以共享的友誼關係，則彼此可對對方有更深入、透徹的了解。

（五）鶼鰈之情

　　「執子之手，與子偕老」是婚後之愛的典型。唐君毅先生在《中國文化之精神價值》中說：「中國古又喻夫婦之關係，如天地之關係。婦視其夫，可敬之如天。夫視其婦，可愛之如地。則夫婦之關係天地化。夫婦之生子，如天地之生人與萬物。……則家庭夫婦父子之關係，則成天地與萬物之關係之

縮影。……而亦是以人對社會宇宙之意識，貫於家庭之意識中，使家庭之意識為之擴大。」

所以《中庸》謂：「君子之道，造端乎夫婦。及其至也，察乎天地。」

家給愛情提供一個棨根的地方，愛情、婚姻和家庭是有生命的機體，是會成長的，但當中必須有養分與關愛、耕耘和滋潤。愛情棨下了根，情根深種之後，才會枝葉茂盛，開花結果。

前蘇聯文人岡察洛夫曾說：「愛情就等於生活，而生活是一種責任、義務，因此愛情是一種責任。」婚前的激情熱戀攝魄勾魂，但狂焰不可能永遠燃燒，終會回復常態、歸於平靜。婚後之愛是真情的開始，二人同心，除了互相扶持珍惜，更要並肩面對世界，共度一生，「湖水愈深，才愈平靜，感情也是如此」。

《浮生六記》

《浮生六記》乃清代文人沈復所作，記述了他與愛妻陳芸的生活，寫得情真意切、深情綿綿、動人心魄，最能反映婚後

之愛的深厚。

沈復與芸娘青梅竹馬，二人志趣相投、一見傾心，在雙方父母的安排下結了婚，婚後耳鬢廝磨，親同形影。他們住在滄浪亭愛蓮居西間壁避暑，終日課書論古、品月評花，自以為人間之樂無過於此。而芸娘更是一位有文學修養的可愛女子，對於破書殘畫極為珍惜，破書修訂後名之曰「斷簡殘篇」，全好捲幅的字畫名曰「棄餘集賞」。沈復夫婦一生困頓貧窮，卻能把歡樂建築在課書論古、品月評花的共同情趣上，從內心的體會發出愉悅。

沈復生於官宦之家，與芸娘的結合本得父母同意，惜後來因種種誤會，芸娘被逐出家門。但沈復不離不棄，與妻漂泊扶持、相依為命，雖然他們手頭拮据，卻心靈相通，苦中作樂。沈復素來不喜歡臭豆腐、醬瓜之類的食物，但芸娘愛吃，沈復終於接受且更喜之，芸娘謂之曰：「情之所鍾，雖醜不嫌。」

沈氏夫婦不能白頭到老但期盼來生依然做夫妻，情痴至極。《浮生六記》中芸娘病篤的一段，感人至深：「執余手而更欲有言，僅斷續疊言『來世』二字。」

沈復才情俊逸，一生游離於功名之外，灑脫超然。尤幸的是他擁有一個相濡以沫、知音情切的妻子。可惜的是，我們身處二十一世紀的今天，社會劇變，男女互動頻繁。婚後時日久了，一方／雙方經不起外界的種種誘惑，嫌棄、背叛由此產生，以至輕率離婚者多不勝數。

（六）愛國與民族感情

心理學家馬斯洛（Abraham H. Maslow, 1908-1970）提出了著名的人性需求說，他認為人類有五種基本需要：第一，生理需要，如飲食、睡眠、性等；第二，安全需要，如安居、工作、擁有等；第三，歸屬需要，如愛與被愛、友誼等；第四，尊重需要，如地位、名譽、角色等；第五，自我實現需要，如理想、價值信念等。

愛國之情應該屬於歸屬需要，指對自己的國家有歸屬感（sense of belongingness）。它既包含我們對國家、民族的深厚、親密的感情，也含有珍惜、保護之意。

國家一般指地域、政府、人民、語言和文化的綜合體。國旗、國歌、國徽是國家的象徵。國家政權是國家的具體化身，也是通常意義上人們對國家的理解。依據馬克思·韋伯（Max Weber, 1864-1920）所下的定義，國家擁有合法使用暴力的壟斷權。從國際關係的理論上說，只要一個國家的獨立地位被其他國家承認，這個國家便能踏入國際領域，而這也是證明其自身主權的重要關鍵。

國的概念在甲骨文時代便已出現，如果以象形文字的角度

去剖析，國便是用武力來保護一塊土地及其中的人民。在漢語中，國與家的概念是不分開的，沒有國就沒有家，國破則家亡。

愛國，英文是 patriotism，一般指人們對自己祖國的忠貞、熱愛態度和深厚情感。黃希庭在《普通心理學》一書中便把愛國定義為：「愛國主義情感包括對祖國的大自然的熱愛，對祖國的勤勞勇敢的人民的熱愛，對祖國悠久的歷史、燦爛的文化、光榮的革命傳統和光輝的前程的自豪感，看到祖國有所成就的喜悅感，以及作為民族的一員的尊嚴感等。」

據此，愛國情感大體有三個層次：第一，是對祖國的親切依戀感，對祖國的自然環境、人民等所產生的喜愛和親切感。這種感情的產生，源於人們對家鄉及個人出生地的愛戀，由此引申為對同鄉親人，乃至全民族的深厚感情。

第二，是馬斯洛所說的自尊需要與歸屬需要所引起的情感。人會對自己的國家感到自豪，對祖國的地理、歷史、發展現狀及國際地位的提升引以為榮，因此產生對民族的優良傳統或共同的生活方式的熱愛和尊重。此種歸屬感讓個體得到自我的認同感。

第三，是對祖國產生責任感與使命感。它表現為對國家

利益的關心，對國家的發展前途寄予期望，並抱有積極主動的參與意識，因為國家的盛衰直接影響個人和社會的安定及生活幸福。

以科學家的眼光看，愛國心理可以用生物學的角度去解釋。他們認為愛國精神其實是一種生物互利的表現。大自然中，許多群居動物都有自我犧牲的表現，例如一些吸血蝙蝠會將吸到的血液與飢餓的同伴分享。科學家發現，由於這些蝙蝠的新陳代謝率很高，牠們只要在二十四小時內沒有吸到血液，就會死亡。基於生物自我延續的驅使，牠們甘願奉獻自己的食物給同類，以確保跟自己從遺傳角度上有關係的同類能夠生存下去。生物的利他行為，表面上看是捨己為人的表現，但從深層角度來說，這種行為的背後含有自利的考慮。如果利他行為有利於整個族群的存活，那麼它將會最終保障自我延續的機率。所以，根據達爾文的進化論，如果在一個族群中有很多願意幫助他人以至犧牲自己的成員，那麼這個族群生存及延續下一代的機率會比較高。

但是，生物學的說法並不全面，人類的愛國表現不僅僅是一種生物利他行為。歷史上，千萬個體是自覺地為自己的民族犧牲，甚至在被統治者所代表的政權遺棄、排拒的情況下，仍然保留一份愛國情懷。先不說我們中國，緬甸的昂山素

姬、南非的曼德拉、印度的甘地⋯⋯都是現實的例子。

孟子在〈滕文公章句下〉說：「居天下之廣居，立天下之正位，行天下之大道。得志，與民由之；不得志，獨行其道。富貴不能淫，貧賤不能移，威武不能屈，此之謂大丈夫。」這就是說，人對其生存的空間、所愛的民族，有一種自覺的承擔；人自覺要成為頂天立地的大丈夫，無論得志與不得志，造次必於是，顛沛亦必於是，是道德上的不容已，不能因為外在環境而改變自我的道義原則。

宋代的范仲淹曾說：「先天下之憂而憂，後天下之樂而樂。」明末清初的顧炎武亦曾言：「天生豪傑，必有所任，⋯⋯今日者拯斯人於塗炭，為萬世開太平，此吾輩之任也。」

愛國、愛民族的傳統一直是中國士人的共同關懷，也是中華民族得以長期大一統的基石。

不過，愛國情感一旦經外力衝擊，例如被外敵入侵，受到不平等的對待，很容易異化為狹隘的民粹主義，成為統治者的手段，這一點在下篇的《愛的盲點‧電影文學篇》將有所論述。

（七）鄉土情誼

　　每個民族的人對自己的家鄉都會有一種鄉土之情。在中國的農業社會階段，人們對泥土更有一份眷戀和愛。若論鄉土情誼，費孝通在《鄉土中國》的論述堪稱經典。這裏輯取幾段，以描繪鄉土情誼的背景與特色：

　　鄉土社會在地方性的限制下成了生於斯、死於斯的社會。常態的生活是終老是鄉。假如在一個村子裏的人都是這樣的話，在人和人的關係上也就發生了一種特色，每個孩子都是在人家眼中看着長大的，在孩子眼裏周圍的人也是從小就看慣的。這是一個「熟悉」的社會，沒有陌生人的社會。

　　熟悉是從時間裏、多方面、經常的接觸中所發生的親密的感覺。這感覺是無數次的小磨擦裏陶煉出來的結果。……「我們大家是熟人，打個招呼就是了，還用得着多說麼？」「這不是見外了麼？」鄉土社會裏從熟悉得到信任。鄉土社會的信用並不是西方式對契約的重視，而是發生於對一種行為的規矩熟悉到不加思索時的可靠性。

　　鄉土社會是靠親密和長期的共同生活來配合各個人的相互行為，人們生活在同一的小天地裏。在時間上，每一代的人在

同一的週期中生老病死，一個公式。年輕的人固然在沒有經歷過年長的生活時，可以不了解年長的人的心情，年齡因之多少是一種隔膜，但是這隔膜卻是一方面的，年長的人可以了解年輕的人，他們甚至可以預知年輕的人將要碰着的問題。

因此，費孝通稱中國的社會為血緣結構。他說：

親密的血緣關係限制着若干社會活動，最主要的衝突和競爭；親屬是自己人，從一個根本上長出來的枝條，原則上是應當痛癢相關、有無相通的。而且親密的共同生活中各人互相依賴的地方是多方面和長期的，因之在授受之間無法分一筆一筆的清算往回。親密社群的團結性就倚賴於各份子間都相互的拖欠着未了的人情。在我們社會裏看得最清楚，朋友之間搶着回帳，意思就是要對方欠自己一筆人情，像是投一筆資。欠了別人的人情就得找一個機會加重一些去回個禮，加重一些就在使對方反欠了自己一筆人情。來來往往，維持着人和人之間的互助合作。親密社群中既無法不互欠人情，也最怕「算帳」。「算帳」、「清算」等於絕交之謂，因為如果相互不欠人情，也就無需往來了。

費孝通為我們道出了鄉土情誼與現代社會的平等對列式的交往非常不同。特別是中國人說還鄉，我父親曾說：不知怎的，

一回到家鄉，心裏就踏實。其實，這說明故鄉喚起了他許多由血緣結構培育的情義、熟悉，甚至死後安穩的感覺。

（八）人與動物間的互愛

人不僅對人有愛，更會對動物有情。不過，人之愛動物與愛寵物有別，愛護動物是人本之愛的延伸，人與動物以朋友相待；而人與寵物之情則含有相互間的眷戀成分，過度迷戀寵物的人，往往有被動人格的心理傾向，我們將之劃入「情意結」，可參考上一章。

傳統上，我們喜歡區分「人禽之辨」，認為人的價值高於其他動物。但愛護動物的人士卻不贊成這種價值判別，認為人與動物雖然在品類上有分別，但是共同生存在地球上，地球是我們共同的家，大家都有生存的權利。

那麼動物有情感嗎？牠們能夠體會到人類的關懷嗎？這種感情是單向的，還是雙向的？

法國哲學家笛卡兒（René Descartes, 1596-1650）認為動物是無情感的。他強調理性是人類最崇高的標誌：「不，動物沒

有情感，或即使牠們有，我們也不能證明，而無論如何，這也不太要緊，因為牠們只是動物。」

另一種觀點由達爾文在十九世紀中葉提出，在某種意義上，幾乎已被所有科學家接受。達爾文認為，地球上的生命呈現同質的連續性，這意味着人類和許多其他動物在智力、身體和情感方面是有關聯的。他曾說過：「低等動物跟人類一樣，顯然能夠感受到快樂和痛苦、幸福和悲傷。」他相信我們和動物有相似性，與許許多多非人類物種之間的情感差異只是程度上的，而不是價值上的。

從大量的觀察和感受獲得的資訊，動物也有恐懼、防禦、孤寂、傷心、流淚、悲哀、嫉妒、憤怒、侵略、敵對、報復、友好、同情、羞愧、渾然忘我以至期待等等表情和行為，我們沒有理由懷疑牠們能夠有想像力或夢想未來的能力。動物或許缺乏表達希望的語言，但感情卻可能是人跟動物共有的，動物甚至能更多地回報人類給牠們的，直至牠們的生命完結。

人狗情

人對狗的感情非常微妙,這種情與人對待其他動物的感情有些不同。狗被稱為「人類最忠實的朋友」,人狗互倚互愛,更切合共生結構。狗不會說謊,也不會口是心非,人類憑直覺就可以猜測牠們需要甚麼。因此人狗相處,可以完全達到互相信任的境況,雙方更無變心的危機。

在眾多動物中,狗最懂得逗人。牠向人衝跑過來時,宛似帶着含笑的歡欣,顯得特別「可愛」。可愛有一種不可思議的吸引力,人只要一看見可愛的東西,就忍不住想將之一抱入懷。狗能辨認人,能明白人的表達;狗的內心想法亦容易揣摩,牠們有甚麼需要,總是直接用身體語言去表達,例如牠覺得寂寞時,會不斷纏繞你,直到你把注意力放在牠身上為止。

人狗之情,在米蘭‧昆德拉的《生命中不能承受的輕》一書中描寫得特別深刻。特麗莎自小的遭遇,以及母親灌輸給她的「人皆相同」的思想,讓她渴望變成一個獨特的人。她投向托馬斯的懷抱,其實是對母親、對平凡生活的一次背叛。

托馬斯的不忠讓特麗莎感覺到她永遠不能在他懷中得到一份獨一無二的安全感。托馬斯心知對特麗莎有愧,害怕她生活枯燥,所以就送給她一隻小狗卡列寧,希望卡列寧能在他不能伴在特麗莎身邊時代替他。兩個欠缺的生命,特麗莎便與卡列寧遇上。

特麗莎明白花花公子般的托馬斯不能給她承諾,只好將對托馬斯的愛轉移給卡列寧。特麗莎對卡列寧不求回報,沒有嫉妒和計算,也不會要求改變卡列寧的性格,例如卡列寧每

天都做同樣的事情：跳上床、搶麵包圈⋯⋯特麗莎卻從未覺得厭倦，反而非常享受，每天也和牠做着同樣的事情。表面上，她對卡列寧的愛是無私的，她從來沒想過要從牠的身上獲取甚麼。特麗莎這種不求回報的想法，令她獲得最大的滿足，所以卡列寧能在她身旁已是對她的最大回報。因為卡列寧就是托馬斯的神聖版，她愛牠讓她以為已經超越了噴念的戀情。直至卡列寧死去，虛無感再次縈繞特麗莎，她才明白自己從來沒有獨立過，她開始枯萎。

（九）藝術的狂飆

　　心理學家佛洛依德曾將藝術家對藝術的愛解釋為發洩無意識的性愛慾望的手段。佛洛伊德用所謂的「俄狄浦斯情結」來解釋藝術家對於藝術的愛，更確切地說，還不能稱之為愛，而是希望釋放本能慾望的迫切需要。他認為，兒童在性別上日益被異性的父親或母親所吸引，並引致希望跟同性的父親或母親離開而引發了「俄狄浦斯危機」。對那些成為藝術家的人來說，這一主題在他們的作品中反覆上演。

　　我們不難看出，藝術創作很大程度上依賴於藝術家的幻覺與想像力。他們在創作的時候沉浸於所謂的亢奮狀態，因忘記外部世界而逃離了孤獨感與隔離感。然而這種狀態是暫時

的、緊張的、強烈的，因此它也具有消耗性。這也許可以解釋許多藝術家英年早逝的原因，因為藝術燃燒了他們的生命。

佛洛姆則提到，任何一種創造性的工作中，創造者把自己和題材結合起來，而題材代表他身外的世界。此時他所表現的自然，並非物質世界的自然，而是他的反作用加諸其上的自然。當作者和創作的作品融為一體的時候，他也和外部世界結合了。

蘇珊・朗格（Suzanne Langer, 1895-1985）區分了推理性符號和表現性符號，情感的世界是與非藝術的東西、推理性符號不相稱的，她認為只有表現性符號才能描繪心靈內部現實。[41] 所以藝術創作非常重視「觀眾」。當藝術家遇到理解其作品的知音時，欣賞者透過作品理解了藝術家的內心，深深地愛上了這件藝術作品。藝術家的愛促生了欣賞者的愛，他們通過藝術進行交流、結合。

41　（美）Ellen Winner著，陶東風等譯：《創造的世界——藝術心理學》，台北：田園城市文化事業有限公司，1997年，頁66。

　　亞里士多德曾說：「沒有一個天才不帶點兒癲狂。」荷蘭畫家梵高（Vincent Willem van Gogh, 1853－1890）就是典型代表。他在逝世前身受精神病的折磨，這或許是由於藝術家在創作過程中常常沉浸於自己的幻覺與妄想中，就像梵高所說：「我愈是神志分裂，愈是虛弱，就愈能進入一種藝術境界。」[42] 對藝術的幻想顯然增強了藝術家創作的情感強度，這就可以解釋藝術家對自己的工作常有一種普通人無法理解的熱烈的愛的原因。

　　梵高的一生曲折而坎坷，他沒有得到父母的理解，旁人更視他為遊手好閒的寄生蟲。他在愛情的道路上屢受挫敗，投身於神學事業也沒有得到接受。他一度感到極度絕望，被深深的孤獨感與隔離感包圍。「人總是無法明白究竟是甚麼捆綁着他，像被甚麼東西埋了。不過他能感覺到好像置身牢籠或監獄裏，四周盡是圍牆。」這是他自己對內心情感的真實描寫。

　　除了對弟弟，同時也是他的金錢來源和精神支柱的迪奧有着深厚感情，他只有對繪畫保持着永不減退的熱愛。他曾寫道：「畫畫讓我克服了相思之苦，讓我忘卻了生活之艱，我像熱衷於打獵一樣熱衷於繪畫，因為它讓我感到無比興奮。事實上，我認為畫畫就是一種對模特和美的狩獵。」[43]

42　同注41，頁356。

43　（荷）Vincent van Gogh著，李華譯：《梵高論藝術》，成都：四川美術出版社，2003年，頁2。

梵高對色彩有一種強烈的偏好。他認為色彩就是一個畫家對於生活的熱情，保持這種熱情是非常重要的。這種色彩的運用融合了畫家的幻想，是從畫家的心靈中流淌出來的，而並非忠實的模仿。他的畫作中如此鮮明的色彩無疑表現出他充滿幻想力的心靈。我們可以推測，這種幻想將他帶進了所謂的亢奮狀態中，而且這種推測並不是沒有根據的。面對自己傾注了大量心血的作品，梵高常常禁不住感到無法抑制的興奮與激動，他不允許自己有稍微喘息的機會。對於他來說，忙裏偷閒和在困難時求舒服，都是不足取的。他逼迫着自己不停地重複這一狀態。

同時，他也堅信繪畫是一種創造，一種精神產品的創造，而決不是一種簡單的複製。他將自己的情感融入到作品中，說：「在我頻繁的生活與繪畫中，有沒有上帝對我來說並不重要，但卻不能缺少創造力這一偉大的東西。創造力是我的生命。」[44] 就像前文所分析的，在這種創造中，他奉獻了自己，即使生前只賣出一張畫，沒有人欣賞他的創作，他也毫不在乎，仍然感到快樂與滿足。

在梵高最後的生命中，他飽受精神分裂的痛苦，一發作便產生幻覺和幻聽。他沉浸於自己的世界，外部的世界消失了，他沒有了無法結合的痛苦，也沒有了孤獨感與隔離感。然而在他時而清醒、時而發病的反覆輪迴中，生命對於他來說已

44　同注43，頁108。

經不能承受。「我的生活的根基已腐蝕，我的腳步跟蹌……」[45]

只有自殺帶給了他真正的解脫。

（十）形上神秘之情

「哲學」一詞的英文為 philosophy，它源於古希臘文，語根為 philo（愛）及 sophia（智慧），全義為「愛智慧」（love of wisdom）。「智慧」一詞的意義十分寬泛，泛指一切人類理性的思考反省活動。愛智慧之愛是屬於理性的，跟一般情愛的感性特質不同；不過，即使最冷靜、最概念化的哲學反省，背後實都帶有深切的感觸。哲學活動不僅僅是概念符號化的抽象性活動，真摯的思考者對現實世界有所感觸，因而被激發去認識其中無盡的曲折、幽暗。

哲學活動當然有不同的向度、不同的關懷，其中形上學（metaphysics）最為古老，亦最能表現哲人對天地宇宙的感懷與想像，它是一種特別的宇宙情懷。道家稱這些形上學家為「古之達道之士」，他們將理想寄託於浩瀚的無限境域，境界

45　（法）Pascal Bonafoux 著，張南星譯：《梵谷──磨難中的熱情》，台北：時報文化出版企業股份有限公司，頁126。

微妙玄通。

I. **印度的奧義書說**

> An intelligent man should suppress his speech and his mind.
>
> The latter he should suppress in the Understanding-Self.
>
> The understanding he should suppress in the Great Self.
>
> That he should suppress in the Tranquil Self...

最早的奧義書約產生於公元前十至前五世紀之間。
我們稱奧義書式的表達為神秘主義，它充滿遠古而深睿
的直覺，論者通過倫理實踐，在沉靜的感觸中，以一種
近於藝術的觀賞方式透悟永恆，指向形上整體世界。此
書是形上學的典範文獻。

遠古蒼茫，哲人與宗教信徒無分，作者所描繪的心靈
境界，着重斂收生命向外耗散紛馳的陷溺，而要求歸向那
內在之整體的自我。奧義的內容表現出絕對的謙和，不斷
在尋求生命解決的過程中所體會的整存的靈感。

2. **老子《道德經》說**

> *道可道，非常道，名可名，非常名；無名天地之始，*
> *有名萬物之母，故常無欲以觀其妙，常有欲以觀其徼，此*

兩者同出而異名，同謂之玄。玄之又玄，眾妙之門。

當人面對一個事物，首先視之為對象，觀察它的性質，以形成有關該物的知識。所以我們從正面認識事物開始，不斷累積對世界的認知。老子卻以圖像語言來漫化此大道。整存性的「道」充滿他的心緒，它是有，但又說不出怎樣的有；它存在，但又說不出它存在於何處；它是甚麼，不，它不是甚麼，它不能說出來。因為我們必須透過對其性質的形容等方式始能陳述對象的存在境況，而它正正不可思、不可議。哲人欲歸於沉默，退藏於密，卻道：「道可道，非常道。」

3. **赫利赫拉斯（Heraclitus，約 535－475 BC）說**

如果你不聽從我本人而留意於邏各斯（Logos），那麼你就會聰明地說：「一切是一。」（D50）[46]

赫利赫拉斯說的「一切是一」（all things are one），其中 the One 與老子的不可道說中的「道」，乃至奧義書所說的「atman」都運用了辯證的否定方式來遮詮。

---

46 「D」為赫利赫拉斯斷簡編碼。參考苗力田主編《古希臘哲學》，北京：人民大學出版社，1990年。

邏各斯是甚麼？難寄諸言，它本身亦是言。所謂「一切是一」，此中的「一」，就是指邏各斯。「一」貫穿所有事物，而經驗中一切的對立皆統合其中。邏各斯本為聚集、收集（collecting）之意，所以它之包涵一切的事物並非靜態的涵攝，其中有相反相成的道理。

赫利赫拉斯在 D16 中說：

海水是最純潔的，又是最不純潔的。對於魚，它是能喝和有益的；對於人，它是不能喝和有害的。

一般人永遠和邏各斯在一起，但卻老是離它而去，人雖在場而又不在場。

人類只能以自我的角度看待世界，於是一切皆落在相對的知識關係之中，人之尋求終極問題，並不完全是為了滿足好奇，當人真有能力涉獵到相當豐富的知識後，始發覺知識與存在之間，仍存着一道鴻溝。他退回自己的感觸世界，體會藝術世界的淵博，感受到神秘；人親身領悟存在的神秘，始有信心相信現實生命、知識界域以外的存在。可是信心是主觀的，他唯有盡其最後的努力，以一種「超知識」的可能，直接面對本體的存在

世界，冀望以理性的方式，達至生命的解決。從根本上說，這是一種人對天地的愛慕。

人可以怎樣愛慕天地宇宙呢？事實上，我們仍無法把握甚麼是神聖，甚麼是生命的大徹大悟。只不過，存在的焦慮足以推動我們邁入哲學反思之途，進而進入哲學中形上學的求索，因為真正的形上學，其實就是盡人心中一切的可能，尋找存在整體的真相。

人所牽慮的是他的可能性、他的未來。當他不為特定問題所糾纏，一往無前地探索時，他將發覺人生是一個整體，人必須徹底解決全部的生命限制。釋迦牟尼年輕時出遊，於城外看見了生、老、病、死的現象，立即感悟到了生命的無常，於是他便有了求道的決心。求道之心就是人性中最本源的牽慮，人因牽慮而發決心投射於未來，尋求大徹大悟，建立真實的生存方式。因為牽慮，人生始呈現為一個整體，我們不僅僅思慮現實的處境，更觸見生命存在背後的根源之地，冀望有更高的神聖世界。

愛尚有許多層域，例如：

（十一）其他

I. 求知識真理

　　知識本身是中性的，但人的求知心，對萬事萬物的規律、原理皆很好奇。生物學家認為，無知是一種對求生的威脅，故求知亦是希望得到安全感。不過，這種說法尚屬比較浮淺。人求知更有求真理之志，不願被虛妄的東西蒙蔽，活於不真實之中。

　　現代，追求真理的典範已經落在科學家身上。綜觀言之，科學家都有智者的情趣在洋溢，冷靜旁觀，他們只就知識說知識，整生論列實驗證據，層次分明；科學家特別重視客觀性，崇尚個性自由。例如近代最重要的科學家愛因斯坦說：「我們力圖借助物理學理論，在迷宮中為自己尋求一條道路，藉着通過大量已觀察到的情況，來整理和理解我們的感覺印象。我們希望觀察到的情況，能夠與我們對實在世界所作的概念相符合，如果不相信我們的理論結構能理解客觀實在世界，如果不相信我們世界的內在和諧性，那就不會有任何科學。這種信念，永遠是一切科學創造的根本動機……」這就是求真精神的典範。

2. 嚮往自由

「不自由，毋寧死」顯示了人類對生命要求的自覺，反之即覺得生命失去意義。愛自由是人性中較高層次的自覺表現。當我們受到了物慾的操控，即表示生命失去了自由；當我們被宗教迷信所蠱惑，即表示思想失去了自由；當我們被面子、他人的目光所左右，即表示自我缺乏獨立性、不自由。

政治哲學家柏林（Isaiah Berlin, 1909-1997）曾對「自由」提出兩個不同的定義，即消極自由（negative liberty）和積極自由（positive liberty）。消極自由即個人沒有受到別人干涉或人為的束縛，即平常說的自由自在、隨心所欲；而積極自由來自於個人希望能夠做自己的主人，擁有自決的能力，例如在政治上享有言論自由、信仰自由、出入自由等。從深層次來看，這種積極自由即莊子所謂的逍遙。逍遙是一種修為境界，人類透過實踐，放下虛偽、矜持，生命完全不受外物所影響，化一切有待為無待；此無待即自由自在，人只有忘掉自我，消除物與我的界限，從精神上超脫一切自然和社會的限制，完全擺脫外物的束縛，才能達到無待的境地，從而獲得精神上的絕對自由。為一觀照之境界，心靈經修養而不落在對象上，或是剝落一切他然的牽連，獨體而化達通體透明般

的空靈，此就是生命徹底的逍遙，亦即所謂大自在。

3. 山林自然之情

　　唐代散文家柳宗元在〈始得西山宴遊記〉中說：「攀援而登，箕踞而遨，則凡數州之土壤，皆在衽席之下。其高下之勢，岈然窪然，若垤若穴，尺寸千里，攢蹙累積，莫得遁隱。……悠悠乎與顥氣俱，而莫得其涯；洋洋乎與造物者遊，而不知其所窮。……蒼然暮色，自遠而至，至無所見，而猶不欲歸。心凝形釋，與萬化冥合。」中國詩人特別喜歡山水，遊覽山水以陶冶性情，更重要的，背後是道家的飄逸胸懷，陶淵明如是，王維、孟浩然如是，柳宗元亦如是。

　　同樣，法國偉大的畫家塞尚（Paul Cézanne, 1839-1906）有一名言：「自然是藝術家之神明。」到了塞尚三十七八歲的時候，思想差不多已完全確定下來，他描述對自然的觀感：「我終於開始被吸收在那一個真正純淨而有徹底深度的世界裏。其實這並非他物，它就是那一個我費盡了追求，並千方百計才得以尋獲之色彩的世界。雖然當我精確而銳利地對真正的色彩有所覺醒的日子裏，它也着實令我痛苦過，但最後我終於深深地感覺到，我已有充分的能力，沐浴在它終極般之無限深刻的

（色彩）世界中，並無所保留地接受了它真正的洗禮。於是慢慢地，我開始和我的繪畫成了一體之存在，並且我更活在那個彩虹般之大混同的宇宙之中。甚至每當我站立我所選擇之主題的面前，逐漸地開始失去了我自身之存在，而和它成為一體之共存者時……」[47]

這是藝術家深摯的自然之愛，他們讓我們重新領略自然的生機、生趣。

4. 愛情

在眾多情愛形態中，愛情最複合亦最吸引人，所以留待下章專門探討。

---

[47] 參考史作檉著：《塞尚藝術之哲學探測》，新竹：仰哲出版社，1982年，頁3、4、46、101。

第四章

戀戀風塵

Blind Shot

愛情盲亡動作

(上)篇

《戀戀風塵》是侯孝賢拍的電影，說的是青梅竹馬小兒女的戀情，刻劃出青少年面臨成長抉擇，成長的記憶、鄉愁的苦澀與青春的眷戀，侯孝賢說原來生命就是生活。

其實，現代人的愛情更富風塵感。輕不着地的時代，生命情調不足，漫蕩無歸，林夕寫的〈人來人往〉，王家衛電影中，愛情輪迴般，劉德華喜歡的張曼玉，張曼玉、劉嘉玲喜歡的張國榮，張國榮卻像沒有腳的鳥，永無落處，那種「末世風情」彌漫而至，更配合戀戀風塵的氛圍。

一、愛情神話

讓我們首先講述兩則愛情神話，一則是有關維納斯（Venus ／ Aphrodite）的，另一則是有關邱比特（Cupid ／ Eros）的。

（一）維納斯的降生

愛情神話中，希臘愛神的傳說當然最吸引人。在希臘神話中，有兩大系統：（一）荷馬（Homer）史詩《伊利昂紀》

（*Iliad*）與《奧德修紀》（*Odyssey*）；（二）赫西俄德（Hesiod）的《神譜》（*Theogony*）。

愛神維納斯（Venus）又譯稱阿芙洛狄忒（Aphrodite），是奧林匹克山上十二主神之一，其中的主神如阿波羅、雅典娜都是從宙斯（Zeus）而生，但維納斯的誕生卻充滿神奇色彩。

依赫西俄德《神譜》的描繪，世界最初只是混沌一片，宇宙最古老的神名為 Chaos（混沌）；不知過了多少時間，Chaos 開始分化，生了 Nyx（夜晚）和 Erebus（黑暗和死亡之谷），他們其實是兄妹，後來兄妹結合（古代亂倫的投影）產下 Aether（光明）與 Hemera（白晝）。天地徐徐分化，有了地母，地母 Gaea 誕生後，創造了天神 Uranus，使之成為宇宙的主宰。

神系譜逐漸成形：天神 Uranus 與地母 Gaea 結合，生下了十二個泰坦巨神（Titans，即鐵達尼號郵輪之取名）、三個獨眼怪（Cyclopes）、三個百手巨怪（Centimani）等神族。雖然所有的神族都是天神 Uranus 的兒女，但天神卻妒忌他們偏愛地母，於是將他們關在黑暗的地谷中，使他們不見天日。此舉讓地母 Gaea 傷心，她慫恿子女造反。眾多泰坦巨神中，只有時間之神 Cronus 敢於反抗父親。於是母子合謀，趁 Uranus

熟睡時，Cronus 用大鐮刀把 Uranus 的陽具割下；陽具掉進海裏，愛神 Venus 便從海水誕生。

這生殖器被鋼鐵割下後，就從陸地拋到波浪洶湧的大海，在波浪中終日漂動，這不朽的肉塊被一種白色的泡沫團團包圍。

在泡沫中養育了一個少女，她首先靠近神怪 Cythera，後來又漂浮到波浪起伏的塞浦路斯（Cyprus）。接着，一個莊嚴美麗的女神從泡沫中走了出來。青蔥的小草在她嬌嫩的腳下成長。

諸神和人類稱她為 Aphrodite，因為她從泡沫中孕育出來；他們又稱她為 Philommedes（意即「喜愛生殖器」），因為她是由生殖器所懷孕的。

當她初出生加入天神行列時，小愛神 Eros 陪伴着她，美麗的「慾望」（desire）跟隨着她。她一開始就得到這種榮譽和地位；擁有女孩子深情的夢囈、微笑、戲法、令人醉心的東西、友善、魅力。[48]

---

48 Hesiod, *Hesiod and Theognis*, trans. Dorothea Wender, England: Penguin Books Ltd., 1984, p.29.

在希臘神話中，愛神的形象充滿矛盾，而愛甚至被描述為人間衝突的最大因素。根據荷馬的記述，宙斯將維納斯許配給自己的兒子火神 Hephaestus，但維納斯卻時常與戰神 Ares（或 Mars）幽會，後來更與他結合產下赫爾彌奧涅亞（Harmonia〔和諧〕）。這段戀情象徵愛與美能克服戰爭。戰神雖然好勇鬥狠，但愛情偉大的力量卻能解除他的武裝。愛神與戰神結合，除了產下赫爾彌奧涅亞外，還誕下恐駭（Terror）與懼怕（Fear）。

愛神維納斯的故事，象徵愛與美、和諧、恐駭、懼怕等注定糾纏不清、瓜葛重重，而愛神的形象就是集和諧、恐駭、懼怕於一身。早在古希臘時代，愛情已被視為兼具幸福、快樂、和諧、恐懼、痛苦、嫉妒的混合物。即使在今天，這個觀念依然歷久彌新。

（二）*邱比特與賽姬*

另一組愛情神話是有關邱比特的。邱比特有一個很鮮明的青少年形象，[49] 長有一對翅膀，手持弓與箭，經常四處

49　文藝復興時期，畫家拉菲爾（W. Raphael）將邱比特繪成可愛、胖胖的小天使，成為後來我們熟悉的形象。

搗蛋、亂點鴛鴦。他射箭百發百中，誰中了金箭就會得到愛情，誰中了鉛箭就會失去愛情。

千古以來，無數男女成為他箭下的犧牲品，留下無數驚天動地、悲歡離合的愛情故事。現代人以一箭穿兩心的符號象徵愛情，可說是邱比特神話浪漫化的結果：人們往往忘記「射箭」、「中箭」背後其實隱含了任意、盲目、非理性、無可奈何的意思。

邱比特的力量，令人在愛情中表現得衝動、盲目。邱比特神話形象地表現了愛情內在的悲劇性——愛情是盲目、無可奈何、無緣無故產生的。

有一則邱比特與賽姬（Cupid and Psyche）的愛情神話。

在遠古的西方有一位國王，他最小的女兒賽姬，美得猶如仙女下凡。於是，大家遺忘了敬拜維納斯，以至維納斯的神殿門庭冷落。報復的怒火令愛神失去了矜持，她派遣兒子邱比特下凡懲罰賽姬，用魔法讓她愛上全世界最醜陋最可鄙的怪物。沒想到，賽姬的美貌，就連邱比特也癡癡神往；他下不了手，悵然離去。

邱比特求阿波羅幫忙。阿波羅傳下神諭：「賽姬命中注定要嫁給神。她必須穿上喪服，獨處山頭的宮殿，神自會前來，娶她為妻。」

　　夜幕四合，耳畔傳來了溫柔的男音。微風似的輕吻，蜜糖似的慰問，令賽姬喜出望外：她的丈夫不是甚麼怪物，而是天下間最體貼最可愛的男子。每個晚上，「丈夫」就會出現；然而，日出之前，他就消失得無影無蹤。如幻似真的婚姻生活，令賽姬得到無比的快樂，卻也充滿了揭開丈夫之謎的慾望。

　　丈夫說：「你要緊記，千萬不要受人唆擺，企圖看我的真面目。否則，我將永遠離開你！」

　　到了深夜，賽姬趁丈夫酣睡之際，鼓起勇氣點起燈，躡手躡腳來到床邊，高舉油燈照亮這終於揭開的謎底——她呆住了，眼前的人根本不是甚麼怪物，而是天下無雙的俊美少年——愛神邱比特。

　　偶不留神，一滴滾燙的燈油，滴在邱比特的肩膀上。邱比特倏爾驚醒，錯愕地望着賽姬，說：「沒有信任，愛情已不復存在！」然後痛苦地離去。

賽姬來到維納斯跟前,自願為奴婢,只望讓她跟邱比特有情人終成眷屬。

維納斯要她在一天之內,把一大堆小麥、罌粟與玉米的種子分門別類;到河岸的灌木叢中,找一頭擁有金毛的綿羊,把牠身上的金毛取回來;到險惡的史蒂柯克河去,汲取一瓶黑水⋯⋯

賽姬得諸神之助,一一完成,卻引來維納斯更大的妒忌。維納斯給賽姬一個盒子,要她求地獄女神波斯鳳凰裝上她的美麗。但進入地獄,地獄之門永不會再為她而開。

未忘懷賽姬的邱比特,深入地獄尋尋覓覓,終於找到昏厥在黑洞穴中的賽姬。邱比特抱着賽姬,逕直飛往奧林匹斯山,請宙斯作主,讓他們正式結為夫婦。歷盡劫難的小夫妻緊緊相擁,再不分離。

邱比特與賽姬的神話,其實集合了愛情現象之大成:愛慕、傾情、猜疑、試探、信任、誘惑、分離、堅持、包容、盼望、團聚⋯⋯現代人的浪漫愛情,正是永劫回歸地重複着愛情的泥淖。

神話是初民思想與生活的反映。古代初民對自然現象充滿強烈的好奇心，由於缺乏科學知識，唯有借助神的形象把自然現象形象化、人格化，由此創造出形形式式的神話。神話可說是初民對客觀世界素樸的認知與理解，多涉及宇宙萬物、人類、文化創生的描述。初民力圖解釋天地開闢、宇宙與人類的起源、生死含義、各種自然現象等，便創造了無數生動傳神、有血有肉的諸神形象。

心理學家卡爾‧榮格（Carl Jung, 1875-1961）將神話創作歸納為人類無意識的心理活動，提出了「集體潛意識」的理論。他指出，神話的原始意象會在人類心理經驗中不斷反覆顯現，此即集體潛意識的表現，因此神話蘊含人類的價值取向，有助我們從潛意識去解開人類的終極奧秘。[50] 而愛情神話並非原始初民的專利，現代愛情故事仍然以神話的模式呈現，讓我們引介結構主義[51]的思潮，解開現代愛情神話的迷思。

50　參考卡爾‧榮格著、張敦福譯《未發現的自我》，北京：國際文化出版公司，2007年，第三章。

51　羅蘭‧巴特的結構主義着力於審視句子結構和更宏大的敘事的對應關係，因此可以使敘事在語言學線索上研究。巴特評估特定的語言功能，例如關鍵詞「黑暗的」、「神秘的」和「古怪的」，當它們聯合在一起的，就明確地表現出了一種特定的人物，或者說「行為」。愛情正好充滿戀人專用的詞彙：愛你一生一世、海枯石爛⋯⋯

二、解構愛情

羅蘭·巴特（Roland Barthes, 1915-1980）是當代法國思想界的先鋒人物、著名的文學理論家和評論家。他提出「作者已死」與「零度寫作」的文評理論；又提出存在的意含需重新組合，解構生命現象。他挑戰傳統的文學觀，剝落了龐大的主題，沒有英雄、偉人的年代，還原生命的質樸的本相。

羅蘭·巴特在寫《戀人絮語》時已經七十多歲。七十多歲的人「談愛情」，該會是怎樣的心境？

愛情、愛情，我們已說得太多，總希望捕捉住它，為它下定義。羅蘭·巴特的零度寫作震撼了現代文學界，也掀起閱讀的新觀念，他直接模仿戀人的絮語為愛情解構，這個「戀人」無分性別、種族，是任何人，亦是特殊的個體；戀人迷失在自己的沉醉之中，她／他的思緒在漫漫征途中散亂纏繞，剪不斷、理還亂的心緒哪有甚麼邏輯可言？戀人的絮語，本來就是沒有理論的話語，它沒有小說的故事情節，卻不乏一個個讓人回味流連的愛情場景。文本與話外音之間，羅蘭·巴特記述了戀人特殊的記憶痕跡，它由孤獨、想像、慾望和心跡表白交織而成，從而烘現出一個個讓人回味流連的愛情場景。他用一種開放式、流動的、無定向性的方式開始了對愛情的指指點

點，貌似體貼地表露對戀人的支持，當你以為是安撫，卻是嘲諷。

《戀人絮語》依法文字母編序，勾勒一個個愛情現象，而歌德《少年維特的煩惱》成為他的文本解構，說來絲絲入扣。我也希望仿照此種文本疏讀的方式。偶讀網上的一篇文章〈十年性情走筆〉，[52] 作者名為「風言吾者」，我相信是他的自述，文字流暢，借作文本，娓娓道來十一段愛情絮語，好像似曾認識的男女主角，從 Anna 到 Kate，亦順應英文字母次序；愛情的起迄無端，欲着而無着，生命之蘊為情慾力量牽引，轉為一種渴慕，它滿盈激動，總要求發放出來，燥熱躍動卻無法為一特定的對象着落，只能不斷追求、放棄、追求、厭倦、再追求，正因其要求宣洩而又不得通道，千頭萬緒困蓋一起，便成為戀人的絮語。

另一方面，筆者選取了一些理論，作為疏解愛情現象的旁白；當中有科學的，從中性而客觀的角度，冷靜量度愛情的「內分泌」。我引用了著名愛情生物學家海倫・費雪（Helen Fisher）《生物愛情學》（*Anatomy of Love*）的理論，及後看到一篇關於愛情與化學的文章，是我喜歡的作家阿城寫的，觀點

52　參考網上文章，但原文已經下架。

跟她很接近，但阿城的描述於輕鬆中更顯哲理。於是，本章綜合了羅蘭‧巴特、海倫‧費雪、阿城及一些存在主義的哲學觀點，作為愛情場景的「疏解」。

Anna

……初戀已經很遙遠，初三的時候我開始暗戀班上的音樂課代表 Anna，算是班花吧，覺得完美得不得了，簡直代表了我對女人的全部美好想像。晚上做功課的時候，她的影子泛起，淹沒了書本的文字。她正在與其他同學閒聊，我來回走廊多少次，只為了一瞥，這成了我最大的安慰。暗戀的日子乍喜還憂，在圖書館，糊里糊塗翻開一頁：愛是甚麼？古希臘詩人 Sappho 在一首詩中寫道：「為甚麼我一見你，人便默然無聲；啊，我剎那無言，而在肉體之下，遍身燃燒着無名之火，奔竄急流。」

上高中的時候夢想成真，一直暗戀的 Anna 很奇妙地成了初戀女友——原來她也一直喜歡我。整個高中時期沉浸在漫長而甜蜜的初戀裏，那兩年多時光現在回想起來真是單純美好的日子，迷醉、煎熬、初吻……Anna 有一雙我見過最清澈的眼睛，像五六歲的孩童般黑白分明、一塵不染。感情雖然結束了，記憶裏仍剩下 Anna 身上特有的淡淡的甜香、溫潤的嘴唇和舒服的擁抱。

（一）迷醉

　　愛情的揭幕往往因為一見鍾情，戀人快如閃電般迷上對方，被一個夢般的形象迷住，喪失了分辨能力，並產生被俘虜的感覺；然後便是一連串的約會、通電話、短信、電郵、短途旅行……這期間，戀人如痴似醉地憧憬着，「不自主」地發掘對方的優點：他／她是如此完美，完全出乎自己的意料；其氣質、儀容舉止、性情愛好……與自己朝思暮想的形象的特質竟然是如此契合，這太神奇了！初戀的柔情，像田園詩般優美。

　　愛情是怎樣發生的呢？戀人首先愛上的往往是一個場景，一個符號般的跡象突如其來，維特愛上夏綠蒂是這樣的，夏綠蒂正為孩子們切麵包，戀人站在門外，門框將對方圈定，成了戀人的焦點。

　　戀人一旦投入一段感情，整個世界即告移位，這個世界有了新的焦點，焦點的中心就是所戀之人。戀人開始變得不知所措，平日裏很寧定隱退，此時卻恍恍惚惚、失魂落魄，一任命運擺佈。幕啟處，從未見過的，卻又似曾相識的面容，這時整個兒地亮了相，觸目所見的，彷彿全是所戀之人的影像，戀人再也無法平靜。

在狂喜的熱愛之後、種種煩惱出現之前，有一段特別幸福的迷醉時光：戀人邀愛侶外遊，不斷讚歎天空是多麼藍啊！即便是雨雪霏霏，在戀人眼中卻是煙霏霧結、天地乾淨。幸福滿溢的時光，讓他們不時地吟詠生命。

在迷醉階段之前，通常有一個朦朧階段，那時的戀人有點百無聊賴，且毫無防備之心，對猝然而至的愛情擄劫往往不知不覺就束手就擒。歌德《少年維特的煩惱》中的主角維特就是這樣，他在遇到夏洛蒂之前，曾不厭其煩地描述自己在威瑪過着瑣碎無味的生活：沒有社交活動，沒有消遣，只是讀讀《荷馬史詩》，在淡泊清閒的生活中消閒度日，平日只煮些豌豆吃。

維特為自己的平靜生活而沾沾自喜，他左顧右盼，揣摩着應該去愛誰，儘管他裝作沒那回事。這種看似無所求的清靜，實際上是一種等待，它蘊釀着一種慾望。它的潛台詞是：我從未戀愛過，因為我沒有慾望，我超然於物外。

可是當維特跨出馬車，第一次見到夏洛蒂，他便愛上了她。

Anna 是那種性格很溫順的女孩，總是會聽從我的計劃和安排。於是十六歲的最後一天，在我們常去的那個電影院裏，我

得到了最好的十七歲生日禮物——初吻。那種感覺後來真的很難再有，吻到嘴唇麻木還捨不得放開的眷戀，簡簡單單的兩情相悅太容易讓人沉溺，很自然就相信了你是我的唯一，只願一生愛一人。

……淡綠色的毛線衣，郊外田野裏的微風，草地上暖陽下撥弄她柔順的長髮，緊緊擁吻到黃昏已盡，才陪她乘公車回家。

（二）初吻

吻所傳達的資訊可以對戀情產生深刻的影響，它甚至是結束一段戀情的主要決定因素。雖然讓一對男女結合的力量有許多，但是接吻，尤其是初吻，可以一錘定音。

男女雙方對接吻的看法不盡相同。女性將接吻看作促進雙方關係親密的重要途徑，是幫助她衡量伴侶是否忠誠、對自己是否在意的方式。「感覺良好的一吻」可以幫助女性確認男朋友值得自己付出和託付終身；如果接吻的感覺不好，那麼這個男朋友將遭到她的排斥。

對於男性來說，接吻的意義就不那麼重要了，他們往往

把吻看作性的前奏。女性一般不喜歡在第一次約會中就「濕吻」。相反,男性似乎不太介意接吻的效果,不經過接吻這個程序或接吻效果不好,他們也願意繼續性關係。

愛情需要發洩,就像動物發情一樣,有時候,誘發接吻的場景反而是偶然的。Helen Fisher 認為,初次邂逅即心動意牽的「一見鍾情」,完全是生理性的,因而毫不浪漫。實際上,一見鍾情有重要的進化功能。舉例來說,母松鼠到了交配期,自然需要生殖繁衍後代,牠不會鍾情於豪豬,但要是見着一隻健康的松鼠,牠就不會再耽擱,乾脆一撲即上。

紐約州的精神科學家里市維茲(Michael Liebowitz)說,戀人處於迷醉狀態時,大腦會分泌出一種叫苯氨基丙酸(phenylethylamine)的物質,簡稱 PEA。PEA 位於部分神經細胞的末梢,主要作用便是協助衝動於神經細胞之間的跳躍。此外它尚有一項重要功能,PEA 如天然的安非他命,能提神醒腦,戀人變得十分敏感,並引發強烈情感波動。

腦部三大基本區域之內共有千億個神經細胞,衝動一經產生,便從一個神經細胞,跳過接合處(synapse),傳達到下個神經細胞,如此穿越神經細胞的網絡。當 PEA 滲透至冠瓣組織當中的神經細胞(即我們的情感中樞)刺激腦部時,一

吻後的心蕩神迷感覺就產生了。

Bernice

初戀太甜蜜亦太短暫。至今還搞不清楚我和 Anna 到底為甚麼會分手，可能太順暢吧，或者說，我不甘於一生只戀愛一次，後來我明白這是男性的「犯賤」本質。

和 Bernice 熟絡起來是在大一下學期，起初只是關係比較好的幾個同學經常在一起玩，因為我有女友的緣故，彼此相處的時候反倒沒甚麼顧忌，不怕人說閒話。泡在一起的時間長了，慢慢地變得很有默契，Bernice 是那種有點精靈古怪的女孩，和 Anna 的柔順內向完全不同。我們常在一起像同性朋友一樣說笑打鬧，日子過得很開心。

隨着和 Bernice 愈來愈熟悉，對 Anna 卻愈來愈有疏離的感覺：兩三個月回家能見一次面，她還是那麼美麗溫柔，讓人看不夠，但在一起的時候卻愈發找不到話題——其實我們一直也就沒有多少話說，在一起的將近三年裏，能見面的機會並不多，安靜地靠在一起看時光流過已經是很滿足的事。大一的聖誕假期中，內疚地發現：原來我內心很期盼開學，想到和 Bernice 開心的相處，有種特別的親切感。

（三）褪色

　　儘管戀人安躺在幸福的簷下，但內心偶爾騷動起來，卻全無秩序可言，不比在屋子裏胡飛亂舞的蒼蠅的軌跡更有規律。一見鍾情確是好景，而好景也真的不常也不長，戀人在不知不覺間就已經進入另一階段。

　　戀人好像失去了回憶能力——能夠回憶起迷醉時的那種心境，往往在事過境遷之後。我們現在似乎能道出愛情的不同階段，為愛情的發展變化找出一定的規律。其實，這只是一種對過往歷史的幻覺，後起的想像無法重構熱戀時的天空是多麼的藍，能回想起的只是一種苦澀感，只記得在那段幸福的時光之後，便是一連串的煩惱。

　　甜蜜感究竟是在何時褪去的，戀人茫然。如在天堂般的日子逝去後，地獄就在眼前：持續不斷的痛苦、創傷、焦慮、憂愁、怨恨、失望、窘迫一直輪迴更迭；戀人好像跌入陷阱的困獸，老是提心吊膽，生怕愛情衰退，害怕這衰退不僅會毀了對方和自己，還會毀了當初那種情投意合的緣分感。

　　事情發展下去，漸漸地讓我無法控制。在我的思想裏，從未想過真的放棄 Anna，畢竟那是我從少年時就夢寐以求的美麗

容顏。可是，和 Bernice 的默契相處更接近真實的生活，而她對

我的依戀也逐漸變得清晰而明顯……

記得告訴 Anna 真相的那個傍晚，她倚着路邊的牆角失聲

痛哭，求我不要離開她，哭得我心都要碎了，真想就此答應永

遠跟她在一起。我心底充滿內疚和矛盾，我不想做一個不負責

任的小人，但每次面對她，都無言以對。

（四）冷漠

相處了一段時間，戀人開始煩躁不安，因為對方對自己
的問話很少有反應，甚至不作回答。

戀人只得向友人申訴：「我和他說話時，不管談論甚麼
話題，他似乎都在看着別的地方，聽着別的甚麼；我覺得很
沒趣，便戛然頓住。很長一段沉默以後，他會說：『接下去說
呀，我正聽着呢！』於是我努力接着話頭往下說。說了些甚
麼，我自己也不知道。」

聽者的心不在焉，讓人心裏七上八下：「我是說下去，繼
續『空』談？」——那就得硬着頭皮說下去，而敏感的戀人

又不能容許自己這樣做。「還是停下來，乾脆不吭聲？」——
這又似乎是在賭氣、在指責對方，會引起一場「風波」。真讓
人左右為難！對方的冷漠使戀人焦灼不安，因為他的態度讓人
摸不着頭腦；他恰如一幅陰鬱的幻景，悄然離去，了無回音，
而戀人則竭盡全力去追逐。

　　戀人得費好大的勁才能使對方在聽其說話時不分心：「我
想方設法地循循善誘、逗趣取樂。總覺得在談話的過程中，我
是在耗費自己的珍藏；我白白耗去了『才華』，我所能駕馭的
機智、風趣、博識和溫柔都付諸東流了；說出的話好像待清理
的垃圾，我感到被挫傷，窒息在那個死氣沉沉的空間裏。」

　　沒有甚麼比自己所愛的聲音變得單薄、冷淡、疲憊不堪
更令人傷感了。有氣無力的聲音，彷彿來自世界的盡頭，馬上
又要沉入遙遠冰冷的水中去了。冷淡的回應，猶如快要死去的
人，用他即將消逝的聲音向你訴說遺言，無動於衷的疲倦，不
停地在消亡。而另一方的戀人則撫心自問：「我變心了嗎？我
是怎樣陷入冷漠的呢？」他自己也說不清楚，只感到一種莫名
其妙的空虛感湧上心間，想要避免一切接觸—— 並非是針對
她的，也不是為了其他甚麼人。他覺得跟她在一起，只能用
「我感到不舒服」這樣貧乏的字眼來形容。彼此死寂的僵持讓
人很想找個藉口消隱，但於理又說不過去……他彷彿在雲霧中

移動，看不見邊際。

　　對 Bernice 的感情，最初是感動，後來是依戀，沒了對 Anna 那種神聖的仰慕，反而親切真實。我對她從來沒有太多顧忌，起初是因為對 Anna 難以割捨，所以才一直對 Bernice「以禮相待」。後來她對我的寬容和痴心化解了我的心結，和 Anna 分手之後，我和 Bernice 的關係如野火般蔓延起來。小說裏的情節怎麼會出現在我身上？

　　公園的後山台階附近，那一側很少人走過，到了晚上九、十時，更是鮮有人跡。某個夏夜，那裏成了我們的樂園：那時候我對 Bernice 的「啟蒙教育」已經有兩三個月，天愈來愈熱，衣服也穿得比較少了。例行的親吻愛撫之中，壓抑許久的慾望還是爆發了，輕咬着她的耳垂，告訴她我想要她，就在此刻。

（五）性中樞

　　小說《兒子與情人》（Sons and Lovers）的作者勞倫斯（David Herbert Lawrence, 1885-1930）說過，「性來自腦中」，他的話在生理學的意義上是真理，可惜他實際指的並非生理學所謂的「腦」。

人的大腦中的下視丘有一個「性行為中樞」，人類的「色」本能即來源於此。這個中樞究竟是雄性化還是雌性化，在它發育的初期並沒有定型。懷孕的母親會製造荷爾蒙，腹中的胎兒也會根據得自父母雙方遺傳基因染色體的組合，來決定製造何種荷爾蒙，這兩方面的荷爾蒙決定了胎兒生殖器的構造與發育。

　　性中樞與氣味有關。在雙眼之間、顱骨內部與腦底結構埋伏了五百萬個能與腦部正中央的冠瓣組織連繫的嗅覺神經，由於冠瓣組織能支配情慾，因此體味確實會製造強烈的色慾感覺。此外，異性的體味往往能牽動人的記憶。由於冠瓣組織能支配人的長程回憶，因此氣味經常能讓人多年不忘。

　　男女兩性在腋窩、胸部周圍均分佈着發散催情激素的腺體。女性的嗅覺較男性敏銳，而在排卵期間，女性對於男性的體味更加敏感，因而她們比平日容易墜入愛河，而且這種吸引乃出自女性潛意識中期盼能維持正常月事週期的渴望。其他的動物研究也顯示，體味確能使發情期趨於同步。

　　我們相處了兩年，分手又再重來。和 Bernice 的分手用一個詞最貼切：無疾而終。在學校耳鬢廝磨形成的親情般的默契依戀，被工作後兩地分隔的兩年時間消磨殆盡。記得剛畢業不久，我就去了她家過年，然後我哥哥結婚的時候，還請了她來

當嫂子的伴娘。那時候雙方都以為塵埃落定，過兩年就可以談婚論嫁了，卻低估了感情耗散的速度。

我一貫不相信海枯石爛的愛情，但絕對相信無法割捨的感情；兩個人在一起生活久了，習慣到就像是一個人，哪怕最初的激情全然消逝，也難以令他們分開。從這個角度看，還是應該對婚姻抱有信心，只不過很多人和我們一樣，還沒有機會走到難以割捨的境地，就不得不各奔前程。所以，我的看法是認識一個人兩年之內，如果覺得還有激情就打鐵趁熱趕快結婚；如果條件不成熟，兩年之後就很難有勇氣走進婚姻，也很難再去磨合。

分手時很平靜，她也沒有哭。過了幾個月，她打電話說想我，說有一個同事對她很好，人也不錯……後來陸續通過幾次電話，她說現在很幸福，可還是偶爾會想起當年我們在學校的瘋狂與甜蜜，她再也找不回那種全心投入的悸動感覺了。我告訴她：這很正常，沒有人能忘記自己的初戀，況且是長達四年曾經朝夕相處的日子，既然有緣無分，也只有認命。

（六）墨鏡

　　每當被愛之人感受到來自戀人的強烈的同情感時，愛情就已經褪色了，我愛他／她變成了他／她愛我。

　　戀人戴上墨鏡，在對方面前遮遮掩掩。他／她舉棋不定並非猶豫，而是在斟酌應將自己的情感掩蓋幾分。一方面要為對方着想，因為對方愛我，所以對他／她的拒絕不能太直接，以免傷害他／她；另一方面，因感到厭煩而不得不掩飾，他／她只能閃爍其辭，通過掩飾來解決一個悖論——「我想讓你知道我對你隱瞞着甚麼」。

　　另一端，戀人不斷喃喃「他／她為何對我冷漠」。戀人不願用變心來形容對方，仍然相信心上人是愛自己的，只不過是不願說出來罷了。

　　很快，「你為何如此冷漠？」變成了「你為甚麼只給我那麼一點點愛？」給「一點點愛」，是甚麼意思？愛侶期冀的是珠聯璧合，冀求的是進入另一階段，不用患得患失……戀人思潮起伏，又問：「你為甚麼不告訴我你愛我？」

　　所有的詩句低迴訴說：告訴我，我心上的人，你為甚麼

拋棄我？我從未懷疑過你曾愛着我，情人的負心，這是你給我留下的創傷。他為甚麼不能愛這個我呢？儘管一段浪漫經歷已成為往事，但疑惑仍纏繞心頭：「你為甚麼不愛我呢？」

只有曾經熱戀的人才談得上負心，只有相信自己被愛着的人才會妒嫉，而對方現在就有負於他／她、不愛他／她，這正是戀人所有悲哀的根源。

Carrie

Carrie 是我高中的同學，從同班開始，我就能感覺到她看我的眼光和別人有所不同。那時年少輕狂，扮成熟喜歡詩詞文藝，聽歌更是一大愛好，與她算是有共同語言。但當時一顆心全放在 Anna 身上，對別的女生視而不見，況且 Carrie 也不是我喜歡的類型，只是有些愛好和想法比較接近。慢慢地察覺到她對我的好感，除了虛榮心的小小滿足，也沒甚麼特別的感覺。而她也知道我有女朋友，只是默默地傳遞關心，並沒有表白甚麼。

大學的幾年中，每一兩個月會收到她一封信，精緻細膩，我也大多都會回信，算是我們之間最默契的交流方式。原本以為她會是我精神層面上最親近的異性朋友，沒想到一個偶然的機會，我們卻走向另一個極端—— 性伴侶。或許她並不這麼

看，因為她是和愛着的人上床；但對我來說，對她的感覺，快感遠大於情感。

和 Carrie 發生關係沒多久，我就和 Bernice 正式分手了。其後一年多時間裏，我一直是快樂的單身漢，和 Carrie 在一起時更是無所顧忌，愈發放縱起來……

接着的幾年，我的感情世界一直順風順水，沒有甚麼挫折，只有我負人，未曾有人負我。除了兩段維持數年的戀愛之外，也有過幾次被人倒追的經歷，對於自己的所謂「魅力」還是蠻自信的……

（七）男女攻防

有些報刊雜誌的女性愛情專欄會教導讀者一些「攻防」心得：當男人喜歡上一個女人的時候，總是急不可耐，這時他可能還沒有愛上這個女人，只是喜歡她的外表、性徵，所以這時只是喜歡，還談不上愛。然而，男人在沒有愛上這個女人的時候就想盡快把自己的愛（性）表達得淋漓盡致，這種為性而愛的表現來自男人強烈的佔有慾。

男人輕易就會向女人提出性的要求，只注意性本身，很少考慮性之後如何去愛，征服型的男性只會想到如何擺平她，一旦得手之後，他考慮的是她會不會因此而懷孕，她／他會不會就這樣不能自拔，最終引火焚身……

女人準備和一個男人做愛的時候，首先想到的是這個男人是不是真的喜歡自己、愛自己。除了妓女之外，女人通常十分在乎與性有關的愛，她們天生的依附感決定了她們把性看得十分神聖。當她們準備獻出自己的性時，通常表現得一點也不果斷，而是在男人得手之前象徵性地努力保護自己，同時反覆追問男人是不是真的喜歡自己、愛自己。有時，她們明知道身邊這個口口聲聲說愛自己的男人不可能愛自己，還是在聽到男人真實的謊言之後，從容地獻出了自己的性。

這類男女攻防術，在女性雜誌很受歡迎，但現實上，女性真的能活學活用嗎？

Delia

認識 Delia 是在朋友的聚會上，那時剛剛痴迷於網絡，有頗濃的文藝氣息。她在生活中就是個準專業的文字工作者，在網絡上更是有種鶴立雞群的氣質，文章很是老練溫婉。

認識她之後我們常在網上聊天，那種棋逢對手的感覺讓彼此印象都不錯，從她的文字裏，我知道她有一個在一起好幾年的男朋友，感情還算穩定。

那時候初戀的心情已經很遙遠，幾年來身邊雖然一直有人陪伴，但那種愛慾來時地轉天旋的心動是久未體驗過了，排山倒海的感情就像洶湧的海浪，愈是被堅硬的礁石阻隔，愈會綻放出激越的浪花。我對 Delia 的感情是一塊岩石下萌發的種子，重壓之下反而爆發出頑強的生命力。她無法說服我，也不肯接受我，我們只好繼續做天天在一起的「普通朋友」。

我曾經卑鄙地換了一個小女孩的 ID，在 WeChat 上跟她聊天，探聽她的心思。她說：這下麻煩大了，我愛他，他愛我，現在又來了一個他。

前後將近半年時間裏，為她做的傻事可真不少：買了一張正版的《花樣年華》電影原聲碟給她，結果她還是不肯收下；編輯整理她所有的文章，為她出版了一本個人作品集；我還努力接近她的每一個朋友，甚至忍着心痛與她和男朋友一起參加聚會。在有機會單獨跟她參加活動時，讓周圍的人都感覺她就是我的女朋友。

所有這些努力並沒有白費，在那年聖誕節的時候，她對我已經相當依戀了，幾乎天天都能見面，晚上睡覺前還要通上半小時電話她才會安心地入睡。有一次晚上手機沒電了，我就站在路邊的電話亭打給她，不管外面寒風呼嘯，能聽到她的聲音就覺得心是暖的。那時她和男朋友的關係也碰到了危機，應該有不少我的因素吧，總之他們的關係搖搖欲墜。我按捺住心底的期待躲到一邊，盡量不介入他們的分分合合，我不想讓 Delia 有一天為分手的決定後悔。

許久之後，她終於在我懷裏哭得一塌糊塗，不知是因為分手而傷感，還是覺得終於解脫。我也跟着她一起哭，只是不想看到她難過，在朦朧的淚眼中第一次擁抱，第一次吻她，以為從此以後就是天長地久。沒想到我們的緣分就只有四個吻。

（八）同情

曾經，戀人深深地愛着對方，對方一悲一愁，戀人為之動容，甚至憂心似焚；戀人遇上不幸，是一件可怕的事情。現在，戀情已褪色，眼睜睜看着曾經心愛的人為自己受盡折磨，戀人卻漠然置之、毫不動情。雖然仍然關心對方，「真誠地」為對方的不幸而感到痛苦，但相對於自己內心深處的冷漠

來說，戀人實在只想盡快遠去，或者希望對方可以找到另一個
他／她，好讓自己脫離負罪、愧疚之感。

這樣一來，一切都翻轉過來：同情者與被同情者不復同
步，被同情者只有跟在對方後頭喘氣，根本無法追上；既然如
此，那麼同情者道出分手的台詞：我們不妨離遠一點，給大家
多點空間。

*捧起她的臉，像捧起一個易碎的玻璃娃娃，深深地吻下
去……嘴角竟有鹹鹹的味道，這時才發現她在無聲地落淚。她
終於開口，用殘酷的溫柔的語調告訴我：「對不起，我不能和你
一起。別問我為甚麼，我仔細想過了，我不是適合你的女孩，
而且，我還是覺得離不開他。」*

*我整個人怔在那裏，彷彿真的聽到了自己的心裂成碎片的
聲音。怎麼會這樣？用盡全身力氣爭取的結果，在短短兩三天
內灰飛煙滅，我到底做錯了甚麼？那種不捨和絕望是會讓人發
瘋的。那一刻我幾乎控制不住激動的情緒，想要質問她為何對
我這樣不公平，卻又不知從何說起，只有緊緊地抱住她，怕她
就此消失。午夜時分，瘋狂地吻她，淚水不爭氣地奪眶而出，
那樣苦澀的吻以後也很難再有了吧。*

半年多以後，Delia 和男朋友還是勞燕分飛，再後來，聽說她經歷了一場遙遠而無望的網戀，然後就不再渴望愛情。當我們都曾經滄海之後，終於又可以像朋友一樣坐下來喝酒聊天，拿當年的痴狂往事開玩笑了。

（九）受創

分手，強烈的被遺棄感從戀人的心頭油然而生。

苦思復苦思，戀人終於發覺，自己其實是想抓住一個空泛的情境，他／她覺得世上存在着絕對的愛，如果能得到這份絕對的愛，即可解脫現時的不確定性，可惜的是，戀人沒有遇上。

排遣戀棧宛如藝術創作，屬於想像的虛構。戀人模仿畫家畫出一幅畫，描繪出自己的出路，可惜都是紙上談兵。於是，戀人哀歎，像在曲散人終時朗誦一封絕望的書信，哀歎中顯出高貴之音。

科學家說：一個人陷入失戀就如得了一場病，其主要症狀為胸口重壓、呼吸急促、食慾不振、情緒波動，心神不定、精力渙散，卻不斷長時間專注於想念那個人。

人體內的「愛情激素」會直接影響人們的感情生活，這種激素產生的難易程度、劑量多少、活躍時間長短及指向性的強弱，造成了千差萬別的愛恨糾結。有些人產生此激素的條件比較低，他們只需要較弱的刺激，加上自發的引導，就很容易陷入一段感情。有些人則需要外界因素較強烈的激發，並且要刻意的自我強化，才可以進入愛的狀態。也有少數人幾乎對愛情免疫，這些人從未體驗過茶飯不思、牽腸掛肚的甜蜜與心慌。

Edna

曾經有一度，我不太相信男女之間會有純粹的友誼：離得遠了，只能算是泛泛之交；走得近些，時間一長很難把握交往的尺度。在我只想以友情處之的時候，一次發展成戀情，另一次乾脆變成上床。我甚至認為，如果不是社會規範的約束，大多數異性的親密接觸，最後的結果都是墜入情網。後來才發現我錯了，在很多親密的異性之間，會有足夠的理由讓他們不忍、不願、不敢或不屑發展成愛情。

相互熟悉起來的那段時間，是我們最難熬的日子。她喜歡了很多年的同學兼好友有了女朋友，而且還是她介紹的，他們在一起之後她一直黯然神傷，只敢把愛戀埋在心底。而我的心痛，更是不必說了，從相愛的頂峰驟然跌到訣別的谷底，那種落差實在難以承受。最了解我心事的就是 Edna 了，同病相憐，

她從頭到尾看過我的故事，知道我經常寧願在外邊遊逛，也不肯一個人回冰冷的小窩睡覺。有一段時間，我們經常在深夜裏通幾個小時的電話，如果沒有她，我很難想像怎麼熬過那些受傷後等待平復的孤單日子。

感情的事始終是旁觀者清，夏天的時候，我終於知道朋友們的擔心不是多餘：Edna 對我的依戀愈來愈明顯，發在網上的日記也愈來愈多提到我——她最心愛的哥哥，一個拿她當寶貝的哥哥。

Enda 說要去外地上學，躲開所有朋友的視線，也躲開我的關心。消失了將近半年，再出現在大家面前的時候，原來那個活潑可愛的小丫頭卻忽然沉靜下來。後來在我快要離開的時候，終於有了一個長相酷似言承旭的妹夫，是她的同齡人，很優秀的一個帥小伙，籃球打得很棒，也經常陪我一起踢足球。他最喜歡對 Edna 說：「又急了，你怎麼就這麼性急呢？」——不管能否一直走下去，看着他們登對的樣子，我很慶幸當初做對了選擇題。

（十）不再戀愛

　　由於戀人總結了教訓，意識到戀愛時產生的種種挫傷，都是因為自己不停地想通過這樣或那樣的方式佔有對方所致，他／她便決定從今以後放棄對情人的佔有慾。

　　雖然應該放棄佔有慾，但「清心寡慾」既強烈又生硬：一方面，戀人並不反對聲色世界，一任慾望在周身流動；另一方面，戀人又將自己的慾望附着在對方身上，對他／她而言，最真實的就是絕對地去愛，否則，他／她就只能隱退、撤退，像一支軍隊在作戰時放棄了進攻。

　　拋棄一切佔有慾後，戀人為自塑的「美好形象」感到激動、安慰。我不再戀愛，我不願重蹈覆轍……但內心卻淌着淚。

Freda
　　一群朋友中，我最熟的就是 Freda 了。我一直當她是姐姐，她是事業型的女性，「獨立、美麗」—— 這是她的信條，也是她的寫照。說老實話，我從來沒見過像她這麼漂亮的事業女性，那時心裏對她很是仰慕加敬畏，甚至有些崇拜——這也難怪，她在六七年的時間裏，已經在公司做到第二把手。

她是那種有點自閉又極度敏感的女子，在一群朋友面前可以妙語連珠、滔滔不絕；靜下來之後，卻可以一整天不說話。她身體不好，其實很需要人照顧，偏偏她的性格卻非常自立，而且不肯有絲毫牽絆。

　　有一次與她在網上聊天，聊着聊着她忽然哭了起來，說在香港那麼多年了，其實一個真正的朋友也沒有，生活圈子裏連可以說說話的人都找不到……我很能體會她這般冰雪女子的寂寞：優秀出眾，又不肯遷就自己的感覺，加上她在與人相處方面的確很不濟，所以一直連一個可以牽牽手的朋友都不曾有過。也有很多人追求她，但往往被她的無動於衷和古怪脾氣活活氣走。

　　知道了她心裏柔軟的一面，我更加珍惜和她的相處，會在任何能想到的方面照顧她。她也像姐姐一樣關心我的冷暖，包括我顛三倒四的感情生活。我們竟然這樣不涉情慾地相處了三年。

　　那三年多的時間裏，不管我經歷着怎樣的煎熬，她始終是我最信賴的朋友，我應該也是她最親近的朋友。我常常在公司樓下等她，然後一起去吃宵夜、上網、聊天、看碟。

在一起看碟，有時難免會碰到過火的鏡頭，有時也會開些葷的玩笑，比如看《慾望都市》，會一起討論一夜情、婚姻和性的話題。有時看得晚了，就在她家的沙發上睡到天亮再去上班。她的床就在沙發旁邊，起床去洗手間時還得叫我先閉上眼睛，不許偷看。很多次孤男寡女這樣過夜，竟然從來沒發生過甚麼事。

我們之間最親昵的舉動就是好久不見後的輕輕抱抱。或許太珍惜一種關係就不忍心去破壞，也可能是我覺得自己不夠資格給她保護，我們一直這樣維繫着親密又保持着距離。她也一直是我最敬佩、尊重和欣賞的女子。

（十一）夜照亮了夜

夜對於戀人來說，是一個很特別的時刻，黑暗可以在戀人身上引發無盡的隱喻，那就是我們這裏所說的夜，戀人在這樣的黑暗中掙扎或是平靜下來。

第一種夜：在漆黑中，「我」情緒暗湧，找不到光明、出路。她愛我嗎？她會移情別戀嗎？「我」對她過分迷戀，無緣無故，在夜裏輾轉反側、胡思亂想，黑夜使我變得盲目，不願

逃離這種關係。

這個「我」無分性別、種族，是任何人，亦是特殊的個體；「我」迷失在自己的沉醉之中，無法去揭示生命的真諦，只有等待對方（另一個夜）來照亮自己……

有時候，又會出現另一種狀況。「我用一種夜晚去替代另一種夜晚。」我獨自一人，作沉思狀，平靜地望着對方，實實在在的，他／她就在「我」身旁；「我」收起一切理解，進入無思之夜。慾望繼續顫動，這時，黑暗是半透光的，在極微弱的透明中，「我」待在那兒，「我」已不想捕捉任何東西；這種夜是深寂的、難以分辨的，「我」單純而又安詳地坐在黑色的溫柔中。

第二種夜包容了第一種夜。黑暗照亮了昏暗：「夜是黑暗的，但它照亮了夜。」他／她熟睡在旁，「我」遺忘了決心、擁有、分手、嫉妒等等紛亂的過去……如此美好的夜，唉，就讓這黑暗更黑，通向一切神奇境界的大門。「我」感謝夜，用愛撫來擺脫戀愛的絕境。

現在的她不知過得好不好？很久沒有聯絡了，她身邊是否已經有了可以一起分擔心事、抵擋寒冷的伙伴？我和她對婚姻

的看法比較相似，並不認為美滿的婚姻與動人的愛情有甚麼必然的連繫，兩個人相處慣了，不需要有太多激情，也可以走進幸福的婚姻生活。這樣的要求並不高，可實現起來，還是太難。

就像不小心劃破了手指，在你毫無防備的情況下，疼痛很快就會過去；可當你小心翼翼、痛猶在心的時候又一次被劃傷，那種痛就再也躲不開、忘不掉了。

我只好找朋友訴說，不斷訴說……

（十二）訴說

戀人走進戀情的「隧道」，漆黑的盡頭偶爾閃一點亮光，漫漫長夜，欲訴卻無可說，愛情苦杯，終於品嚐它歌詞以外的意含。他／她逐一向朋友努力申述自己那次緣分的始末，逐漸，那段戀情成了經典故事，起承轉合，理路清晰，戀人開始明白失去對方的「理由」；所有的朋友都站在我的一邊，從那段昏暗漫長的「隧道」中走出來，戀人又能重見天日了，好像脫離了夢幻，現實地對待它。夜，另一種夜重臨，它帶來的暈眩，至今仍然能夠感受到溫柔的他／她，抹不掉，揮不去，他／她肯定了自己的痴情，他／她要重新開始，不要重蹈覆

轍，可是枕邊的淚痕告訴他／她實情。

Getty

我遇上了 Getty，很快便同居。剛開始同居生涯，還覺得挺有趣的。兩個人在同一屋簷下，除了屬於無牌駕駛之外，甚麼都跟一家人似的，衣服髒了有人洗，電視壞了有人修，周末還可以一起去買買菜，煲一大鍋濃濃的蘿蔔排骨湯。

可惜好景不長，人說相愛容易相處難，更何況我們之間也談不上有多深的相愛基礎。我不知道真實的婚姻生活是否也是如此容易消磨兩個人之間的包容和耐心；或是沒有任何保障的同居關係會讓彼此更加不懂得尊重與珍惜？

我們變得經常吵架，就為一些雞毛蒜皮的小事，有時從起床開始翻臉，氣鼓鼓地上班，如果等下班回家還沒消氣，就繼續接着吵。我有一個很不好的毛病，就是跟一個人特別熟了之後，不太在意自己的光輝形象了，就會有意無意暴露出一些「惡習」：比如很響地打嗝放屁，偶爾摳摳腳丫之類的，惹對方生厭，連自己都覺得很討厭。

Getty 對我說：這樣的日子還不如一個人呢，至少一個人的時候還有對未來的憧憬。我心裏也是這麼想的，好吧，那就分

開試試咯，要是覺得還是兩個人好，大不了再搬回來一起住。

於是她就在公司附近又找了房子。幾個月下來，兩個人都覺得這樣挺好，那就沒有搬到一起的必要了，這年頭誰離了誰不能過日子呢？那就好好過吧。

不到半年的時間，現代男女間最尋常的分分合合，就這麼悄無聲息踏雪無痕地偃旗息鼓無疾而終了。沒有太多糾纏地分手，至少還能做朋友，有空的時候我還是會買上幾包 Temptation（貓糧）去看小貓咪── 我的「女兒」。

（十三）爭吵

戀愛初期的爭吵，美稱為「耍花槍」；進入隧道階段的爭吵，才算是真正的爭吵。

爭吵表面上是對話，事實上，這種語言沒有任何內在的意義，既不是在澄清事實，不會帶來解決問題的轉機，也談不上有甚麼邏輯條理，語言耗散它的傳知表意。上綱上線、翻查舊案本來就是口角的本質：「去年在機場的停機坪你不是說過……」、「上星期二我正要出門的時候……」即使有個爭論

焦點，也會很快移位：「去年你不是跟我說過……」語言失去了主題，拌嘴時說的任何一句話，目的都在反駁，像科學實驗般證明對方犯了十惡不赦的罪愆。爭吵並不為說明甚麼，也就無法使對方信服。於是，爭吵只有一個導向，那便是說話之人的話稍微一頓，對方就死死咬住其剛說的話，生怕它跑掉。

一個句子總會有句號，爭吵的語句卻不同，從結構上說，第一句發話，就注定沒完沒了；你一言、我一語，雙方根本不打算在甚麼地方打住話頭，也沒有內在的羈絆可以止住它。哪怕是半秒的停頓，在對方看來，都是一種挑釁，你不能接着說下去，便是示弱理虧。任何一方都無力中止這場爭吵，它可以無窮無盡地衍生下去。只有爭吵以外的一些情形可以將之平息——雙方都吵至精疲力盡。

爭吵中的一方其實不願意持續下去，但對方咄咄逼人，叫他怎麼辦？閉嘴沉默嗎？更是火上澆油。為了大事化小，為了平息風波，他沉默了三秒。向對方講道理嗎？誰也沒見過「理性」這枚利器能讓對方啞口無言。從爭吵轉移到關於爭吵的爭吵本身就是一場爭吵。一走了事？這是分手的符號跡象；兩人的關係已經夠鬆散了，還是忍一下吧。

休戰了一會，雙方又想到要成為替這場爭吵作總結的

人。在任何場合，按慣例作最後發言的人，總是有着權威的地位。總統、法官、教授、牧師都代表了權威；古代的智者鬥智也好，學究的論戰也好，每一場爭論，大家都想佔據這個位置。爭吵的雙方恍如承襲了此傳統，若能在最後發言總結，便要讓對手崩潰垮台，大大打擊他的自尊心，要逼得他瞠目結舌、啞口無言。爭吵就是要得到這個「制後權」，雙方要為爭吵中的每一句話作為最後的真理奠定基礎。

《少年維特的煩惱》的爭吵情節：維特在自殺前去看夏洛蒂。夏洛蒂叫他在聖誕節前別再來看她。於是他激動了，接着二人便是一場爭吵。

先是有了分歧，維特說你誤解了我的意思。夏洛蒂窘迫，維特開始激動；而夏洛蒂的沉默愈加讓維特激動。一方提出：你要我盡量減少登門次數，不願見我；另一方則矢口否認。爭吵最後以要挾結束：「你讓我稍微休息一下，我自會解決。」維特以怨艾而威脅的口吻說。這意思即是：「你可以永遠擺脫我了！」這句激昂的話，可以被設想為維特得到了制後權，要給這場爭執一錘定音。維特一旦宣佈自殺，立即便在爭吵中佔了上風，只有死者才能說最後的一句話。

Holly

悲慘的故事總有一個美好的開始：認識 Holly 的過程巧合得像一場安排好的戲，上帝寫好了開頭，卻忘了許我們一個結局。

要往上海公幹，乘搭火車。在候車月台，一個美麗的女子走過，又在人群中消失，沒想到，過了一會兒就真的再見了。我連續跟人交換了兩次座位，反正我一個人坐哪裏都無所謂，卻可方便別人在一起。好心自有好報，換了第二次之後，我決定再也不換了，因為對面坐着的，就是剛才看到的那個女子，她也上了這趟車。

她拿出一個小杯喝水，我一看：咦，咋那麼熟悉？原來是我們公司客戶做的杯子，上面印的網址還是我們製作的網站。到這個時候，就算是傻瓜，也不愁沒話說了，共同的話題太多了。火車上五個小時，我們一直在聊天，她比我小兩歲，但是閱歷談吐一點也不覺得小，相反覺得很成熟，優雅自如。她說她也是跟別人換座位才換到這邊來的，沒想到遇見了我。在車上和她分享我隨身聽裏的音樂，周華健的〈上上籤〉：「那一年上上的籤／我等着看它是否真的靈驗／虔誠的心不改變／眾人中我會是首選」。

誰知接下來的聊天，更令我們驚奇不已：她以前所在的公司正好是我們當時的合作伙伴，很多她的同事都是我的熟人，一個個名字包括外號叫出來，我們都笑了，怎麼會這麼巧？更巧的是，她現在所在的公司和我的公司居然只有一牆之隔，從我們的窗戶就能看到他們的辦公室！我說難怪一進候車月台我就注意到你了，肯定是以前在哪裏見過。她說不會吧，你肯定是美女看多看花眼了，我才去那裏沒多久呢。

（十四）緣分感

戀人都相信緣分。千萬人從我的左邊經過、右邊經過，我都沒有留心，為甚麼偏偏我遇上了你？一定是緣分，我們在前生曾經見過。寶玉第一次遇上黛玉：這個妹妹，好像哪裏見過……

心理學這樣解釋情侶互相吸引的一些因素：據 Carole Wade 與 Carol Tavris 的 *Invitation to Psychology*[53] 所說，初期影響一個人對另一個人產生好感的因素有四種，分別是

53　Carole Wade & Carol Tavris, *Invitation to Psychology*, 3rd edition, New Jersey: Prentice Hall, 2005.

proximity（接近性）、similarity（相似性）、reciprocity（相互性）及 physical attractiveness（外型的吸引性）。

「接近性」是指與你距離愈近的人，你對他產生好感的機率愈高。比如，兩人分別來自 A 地及 B 地，只是偶然在飛機上遇上，而實際生活、工作的地點相距很遠，他們在分別後便很難繼續保持聯繫。雖然其後大家均去了 C 地，但由於他們不知道對方的所在地，也遇不上對方，於是就很難產生故事。如果知道彼此的住處，環境距離縮短，他們的愛情故事就可能會完全改寫了。

「相似性」是指兩人是否有相似的興趣、話題、性格、價值觀等。如果戀人有相似的溝通態度，縱使意見、表達方式略有不同，彼此也熱衷於與對方剖白自己對兒時的回憶、對人生的想法等，他們會談得很投機、愉快，從而互生好感。

「相互性」是指當對方喜歡你，你也會傾向喜歡對方。很明顯，引文中的男主角與女主角是同時互生好感的，因此他們能迅速與對方發生感情。

所有巧合帶來的驚喜，在下車之後就煙消雲散 —— 有人來接她，手牽手出站，原來所謂的「同學」，應該是男朋友才對。

知道她有男朋友，因為有前車之鑒，我立刻把她劃到了黑名單裏。這種情況一直持續到七月底，雖然離得很近卻沒有再見面。後來有一天在網上碰到 Holly，她說心情不太好，我問她怎麼了，她說和男朋友分手了。我說分手是好事呀，舊的不去新的不來嘛，你們倆誰甩了誰？她說談不上誰甩誰，前前後後折騰了幾個月，總算正式分開了，又覺得挺難受的。

　　我說別呀，歡迎你回到單身俱樂部，我請你看電影去。

　　那晚散場後我說送她回家，她說不必了，又不是十八九歲的小孩，沒那麼嬌氣。我微笑着跟她道別，卻不知隱藏的危險已經兵臨城下、大敵當前。

　　回去之後，在網上跟她聊天，我早已不再掩飾對她的好感——反正都是單身，怕甚麼？我想她也一定明白我的暗示。傳遞了我的關心，隔了半晌，她發過來一句話：「我現在跟你說這些，只是不想讓自己對你動心，我真的好害怕……」一瞬間，骨子裏要命的憐香惜玉和爭強好勝統統湧上腦門，我知道愛又從本能裏復甦。

　　開始就知道是場苦戀，卻又禁不住泥足深陷，愈是痛苦愈覺得依戀。那段時間，日子過得很惶恐，因為她一直在跟男朋

友談判，雖然她反對，但男朋友堅持要辭了工作回香港來，而且歸期也大致定了。

她男朋友回去的那天，我還約了她看電影《甜蜜蜜》，黎明和張曼玉的糾結，似乎預示了其後我們的發展。她接了個電話，說要趕快回家，男朋友十二點到她家。我心裏難受得要命，又捨不得就這麼放她走，一直送她到大廈大堂，她匆忙掙脫我的手，進入升降機。

那一晚，整夜無眠，獨自喝了一瓶紅酒，從來不買煙的我，抽完了整整兩包煙，早上開門，室友還以為我房間失火了。那種情況下，寧願讓煙酒帶來的頭痛掩蓋一點心裏的痛楚，但其實無濟於事，整晚都在想一首海子的詩：「這是雨水中一座荒涼的城／今夜我不關心人類／我只想你」。

（十五）相思

許多小調、樂曲、歌謠都在詠歎情人的分離，相思一直是愛情的主調。

從歷史上看，傾訴離愁別緒的通常是女人：男人外出狩

獵，四處奔波；男人揚帆遠航，浪跡天涯⋯⋯男人多變，女人專一；她的專一是因為地位的被動，只能守候在家中。於是，相思是女人獨自醞釀出來的情愫，她們不斷為其添枝加葉，因為有的是時間。男人怎樣思念戀人？首先，他要「女性化」起來，讓萬縷情絲在內心迴旋流蕩。男子女性化的原因，主要不在於他所處位置的顛倒，而在於他在戀愛。

她邊紡織邊淺哼低唱，小曲裏滲露出安穩寧靜，卻悵然若失。紡錘單調的嗡嗡聲，女人聆聽着，聽來那麼遙遠，風塵僕僕的節奏，大海的洶湧，轔轔的車行聲。古代的相思因着手提電話淡出了。

在《少年維特的煩惱》中，維特單戀着夏洛蒂，多愁善感的他感到她在不斷遠離自己。其實，夏洛蒂並沒有遠走他鄉，偶爾離開的反而是忍耐不住的維特。原因很簡單，夏洛蒂愛的不是維特。思念情人永遠是單向的，對維特來說，不可即的夏洛蒂就像遠離的戀人般難以捉摸。對方漂泊不定，流離逝走，可望而不可即；思念之人感覺被釘在原處，充滿期冀，對方離開了，我卻留下了，被遺棄在一旁。就像火車站某個被人遺忘在角落裏的包裹，它等候復等候，卻無人認領。

情人不在場，是不存在的存在。在喃喃的傾訴中，她又是

受話人，所以又是存在的不存在。戀人被夾在兩個時態中，存在與不存在交織隱約，無所適從。你已經遠離，我惘然若失，你又歷歷眼前。千頭萬緒困束一起，蜷伏回去，內中迴旋流蕩，而成內在的鬱結，鬱而不發；滿腹委屈，像哽塞在胸口。

思念類似某段童年回憶，母親去了遠處幹活，在那些被冷落的日子裏，他無法忘卻，漫漫長夜宛然沒有盡頭；夜幕降臨時，他會到公共汽車站去等她，汽車一輛接一輛地馳過，上面總沒有她的影子。小孩將線軸當成一個玩偶，拋開又拾回，或模擬母親的離開和歸來，由此形成了一種重聚的感覺。

現在，戀人又忍受着與情人的分離。有時，分離並不讓戀人感到十分難受，因為他已被迫學會了忘卻，他像個順利斷奶的孩子，刻意忙碌起來，時常有所不專；戀人苦苦不能忘卻，衣帶漸寬，魂縈夢牽折磨得人身心交瘁。

等待復等待，分離仍沒有結束。一切停滯下來，戀人四處環顧，目光卻無所依附。一種落後感油然而生，他覺得自己跟不上生活的節奏，正處在浮動中，無處可棲身，一種強烈的失卻感泛起；他有慾望，又有需要，慾望被需要所擠壓，這便是所有思念中無法擺脫的事實。晏殊的〈清平樂〉可能較巴特更體貼：「紫薇朱槿花殘，斜陽卻照闌干。雙燕欲歸時節，銀

屏昨夜微寒。」

　　那時候真切地理解了所謂「第三者」的感受：苦苦地維繫一段不忍割捨的感情，不停付出，不求回報。最讓人酸澀的是作為地下的第三者，有責任配合對方保守秘密，還不能有絲毫怨言：牽手的時候會不小心碰到她的訂婚戒指；無論何時何地，就算擁抱在一起，聽到手機響起，也不得不眼睜睜看着她在你面前撒謊；從來不敢在非約定的時間隨便打電話給她，有時約好的通話也會被匆匆掛斷……那種苦澀，沒有親身經歷過的人確實很難體會。

　　女孩子的心思，有時確實很難琢磨。她男朋友回來之後，我已經盡量不去主動約她。我不想左右她的決定，只想讓愛作主。可她還是經常來找我，居然可以半天時間陪男朋友，剩下半天來陪我，傍晚與她坐在時代廣場一角的咖啡座看車流，我心裏卻充滿了憂傷。落日的餘光灑在她臉上，發現她是那麼的好看，有種動人的氣質……或許這就是真的愛了吧，我不敢面對擁有她的渴望。

（十六）犯賤

　　障礙能刺激追求的意願。對方愈難「上手」，彷彿愈能激發追求者的鬥志。實際上，一帆風順、全無障礙的戀情恐怕也難以讓追求者形成迷戀，即有所謂「羅密歐與茱麗葉效應」，意思是戀愛雙方遭受的風波、挫折往往能加深彼此的感情。不過，追求者對被追求者的感情若要從心蕩神搖激化為難捨的執迷，則通常仍要有與之長相廝守的可能性才行。

　　能否墜入愛河亦與天時有關。人若興起冒險念頭，或渴望離家，或備感寂寞，或初抵異鄉徬徨無助，或正踏入人生新階段，或準備在經濟與精神上與他人分享，或急於成家，則往往事隨心轉，戀曲不遠矣。

　　約她在麥當勞見面，祝她生日快樂。「我沒有資格陪你過生日，只好提前送你生日禮物了。我想說的話都在裏面，我走了，你一個人要好好的……」說完，我把她一個人留在座位上，徑直推門走了出去。決定從此不打電話、不聊天、不去找她，從她的生活徹底消失。其實這是我的小小花招：我太清楚那樣迷茫的時刻被孤零零地留在原地，是多麼難以承受的心痛。我確信在看到我的背影消失在門口的時刻，她已經落淚了。走出店門，透過櫥窗遠遠看到她哭着跑進洗手間，我知道：我的目

的達到了。

　　我已經做了我所能做的一切，剩下的就是耐心等待，很多次幾乎克制不住打電話給她的衝動。隱身在 MSN 裏，在對話方塊裏打滿了字，最後還是按了取消。我知道一點點的不忍心也許就會讓我滿盤皆輸，就像兩個對峙的狙擊手，誰先動一動，誰就有性命之憂。

　　我要讓她對我的想念慢慢累積到最高點，才有可能產生足夠的離心力，讓天平偏向我這邊。但又實在沒有必勝的把握，我很害怕她真的會這樣再也不和我聯絡，直到成為別人的新娘。如果真是那樣，我懷疑自己會崩潰，會丟掉所有的自尊求她留在我身邊。

　　在這樣複雜的情緒中煎熬了一個星期，我幾乎快要絕望了。有天晚上忽然接到她的電話，看到是她辦公室那個熟悉的號碼，我屏住呼吸，定了半天神，用顫抖的手按了接聽鍵：沒有人說話，只有音樂聲響起：「感情事怎會隨便／不會將愛恨分合視若等閒／只要你不以為我癲／讓我在你身邊／那一年上上的籤／我等着看它是否真的靈驗／虔誠的心不改變／眾人中我會是首選」。──〈上上籤〉！那一刻我激動得幾乎要掉淚，但又很疑惑：她到底是甚麼意思呢？隨後的短信立刻打消了我

的疑慮：「你真的可以這樣忘記我嗎？請原諒，我做不到。——
Holly」

（十七）忘不了

不確定的關係讓強烈的被遺棄感從戀人的心間油然而生。戀人在疑惑：我曾堅信不論愛情遇到多大波折，這種不確定的戀情也不會發生在自己身上；他／她近日的態度好像改變了，感情一定出現了變數……我們難道要分手？分手的話，他／她的一切將與我毫不相干，我何苦要戀棧？戀人冀望保存矜持。

戀人反覆思量形成這種狀況的原因：我和他／她曾共患難，我對他／她體貼入微，我比誰都了解他／她。為甚麼？為甚麼？戀人一再自問為甚麼自己得不到愛，萬千思緒折磨得他心力交瘁。

戀人在最痛苦的時候，會想找到解決問題的出路，只為離開當下的困境。於是，週期性反覆出現的念頭紛至沓來。分手、出走、隱藏、旅行、自殺等等，但沒有一個辦法能真正解決戀人的問題，因為要改變這種關係並不是其力所能及的。

此時戀人面臨的最大困擾，是掉進自己設定的圈套。這就好像我們害怕失眠，失眠偏偏成為了事實；戀人愈想忘掉他／她，卻愈發忘不了他／她。想逃離，但同時又最不願離開，這種雙重的拉結，只會愈拉愈緊，最後成了死結；就好像心理病態中的強迫症行為，患者的自知能力良好，知道這樣做是沒有必要，甚至很痛苦的，但卻無法自拔，不斷沉溺其間。

隨後的日子，我很聽話，不去找她，但心裏快樂而滿足，我以為幸福就在離我不遠的前方，所有的努力都到了收穫的季節。

有一天她向我坦白，說「未婚夫」的爸爸從加拿大回來看她了。那時候，聽到「未婚夫」這樣的字眼我就會瘋掉，她究竟是怎麼回事？

她咬了咬嘴唇，終於下定了決心坦白：「你不要逼我，如果你非要知道原因，我會告訴你的，你可不要後悔。」之後，她不再接我的電話。

在煎熬和希望中又過了三天，才聯繫上她。邀請她到我家裏來，無論如何總要做個了斷。她極其堅決地表明了和我分手的態度，並且說一年之內就會結婚了。

痛到滴血的心已經無力作任何爭辯，學不會在付出感情時有所保留，只好在不得不失去時自私地選擇一種最容易承受的方式：毀滅彼此間美好的一切。我在她面前燒掉了我們的照片、她送我的書籤，還有一張紙：上面按順序記錄了我們一共五十多次見面的時間、地點、事件，原本以為會是幾十年後箱子底下溫馨的回憶，卻在還未開始的時候就已經化為灰燼。

　　在冷酷的季節裏，一個人遊遊蕩蕩，孤寂帶來的冰冷遠遠蓋過了低溫的不適。只好讓自己變成一個旋轉的陀螺，忙到沒空思考，累到醒不了⋯⋯

　　又過了幾個季節，最後一次見她是在中環，那時她已經結婚了。約在「星巴克」——連最後釋懷的場景都安排得一模一樣：一杯咖啡，終於可以告別又一段苦澀的回憶。

　　像極了歌詞：「再見你的時候／我只是淡淡一笑／好像甚麼也沒有發生／就像記憶裏真的沒有發生過甚麼」。夜裏，感到枕頭濕濕的，早上起來，眼皮浮腫，不想見人，但仍得上班。

（十八）哭泣

　　在戀愛中，戀人只要有一丁點的情緒波動，不管是喜是悲，就會潸然淚下。維特暗戀着夏洛蒂。某回，他跟夏洛蒂吟詠一首詩，二人一起流下了令人回味的淚水。此後，維特動不動就哭泣，並且淚如泉湧。維特究竟是作為一個戀人而落淚，還是作為一個浪漫傷感者而落淚？為甚麼呢？原因在他的身體。戀愛中人，重新記憶起自己嬰孩般的身體，在很久以前被母體遺棄的境況。

　　戀人也可能是衝着自己而哭。讓自己落淚，是為了證實悲傷並不是幻覺——眼淚是曾經戀愛的沉積。借助淚水，戀人敘述了一個故事，鋪設了一個悲痛的神話，然後將自己維繫其中。

　　情人的眼淚可以將其自我分化，已分化的自我以相近但又不同的方式在「哭」。鏡中，那個眼眶裏噙着淚水的「我」究竟是誰？那個無緣無故，看見一幀照片就開始視線模糊的「我」是誰？那個夢中放聲痛哭的「我」、醒來枕頭透濕的「我」又是誰？戀人事後好像記不起來了，只是人已憔悴，不復以前無憂無慮的自己。

戀人會通過哭泣來打動對方，向其施加壓力，讓對方知道：看看你將我弄成甚麼樣子。女性的哭，大多屬此類。對方每回都是被迫「認罪」，表示悔意，於是雨過天晴，戀人感到二人的感情又推進了一步。

Ina

*　　在和 Holly 徹底失去聯繫之後，我大約有兩年半的時間，基本上保持每三個月談一次戀愛這個頻率。對於未曾體驗過戀愛的樂趣的人來說或許不算甚麼，但是對於曾經美滿戀愛過的我來說，不啻是一種煎熬。*

*　　在我心裏還有感情的時候，我不會放縱自己，因為責任和誠實是愛一個人的前提，如果我真的在乎這份愛，就不會用行動去玷污它。背叛愛的人也就是背叛你自己。*

*　　可是一旦當愛不存在了，不再需要對誰負責時，天性裏的劣根就像瓶子裏放出來的魔鬼，堵也堵不住了。我唯一的一次買春經歷，就是發生在心裏的愛猛然被人抽空之後……當時的感覺，甚至有種自暴自棄作踐自己的報復快感。*

*　　隨便打開任何一個人氣旺一點的網上聊天室，保證你能看到尋找一夜情的帖子，而且百分之九十五都是男性發的。不知*

道其中有多少人能成功，但只要看到不斷有人去嘗試，傻瓜也該相信此方法行之有效了。只是，下賤到這個程度，像動物似的到處去試，還不如直接去找個妓女好了，至少是公平交易，而且不會被拒絕。一直以來，我對這種頗為風靡的「一夜情」抱着不屑一顧的態度，可是沒想到一不留神自己也成了其中的一員。

認識 Ina 是在某著名的約會網站，那段時間公司沒甚麼單子，比較空閒，我就想到外邊走走。決定要去泰國玩，卻又覺得一個人很沒勁，就在網上發了個帖子，徵尋玩伴一名。本來時間緊也沒抱甚麼希望，臨行前卻收到 Ina 的留言，她說最近在家呆得很悶，也想出去散散心，問我有沒有興趣同行。

我查了她的資料，是 1990 年出生的，心裏就有點猶豫：帶一個陌生的小女孩出去可不是鬧着玩的，萬一出了甚麼岔子，我可擔待不起。通了電話，她倒是蠻無所謂的，說兩個人一起當然更安全些。我說：「你就不怕我是壞人呀？」她說：「沒關係，我學過跆拳道，你打不過我的。而且，我看過你的資料和照片，我相信自己的直覺。」看來她的直覺很成問題，我並不是甚麼好東西。

不過挺佩服 90 後的膽量和那種滿不在乎的勇氣，似乎沒有

甚麼東西能夠真正傷害到他們，和我們這一代的瞻前顧後、左右為難形成了鮮明對比。

那天之後又跟她聯繫過幾次，也產生過把一夜性弄成多夜情的念頭，可每次都不湊巧，她有空時我很忙，我有了興致她又沒時間，慢慢地也就算了。沒過多久，她就徹底消失了，不知道是搬去了哪裏，還是浪子回頭重新做人了？

無論是出於精神還是肉體上的感謝，我都想跟她說一聲：一路走好。我知道她的本質並不壞，只是環境和性格造就了她那樣的經歷。

（十九）一夜情

肉體結合的慾望，必以狂歡式、發洩式的方式實現。狂歡者或可在實現過程中產生一種暫時性的幻覺，覺得兩人的交合可以打發掉內心的空虛。然而，沒有愛的肉體結合，並不能使一方打開對方的內心，更不能接近對方的人格，兩個人仍是外在而陌生的，於是瞬時即過的性吸引反而會喚起狂歡者內心更大的空虛。許多熱衷於一夜情的人都有相似的體會。表面上，大家很開放、很灑脫，認為各得其所，彼此既無感情的牽

連，亦無婚姻的束縛，可是現實並非如此。

有時，他們會為對方感到羞恥，或者在性交之後產生恨意，因為他們以為性愛可以掩埋內心的空虛，不斷追逐其間，但當幻覺消失之後，狂歡與空虛循環交替而不知其止，他們覺得彼此間的隔閡比原先更為明顯。

另一方面，充滿野性的偷情之後，男人和女人的表現也大相徑庭。男人開始試圖尋找許多充分的理由以盡快結束這次約會，因為他十分擔心被對方擄獲；而且無論時光如何荏苒、世事如何變遷，只要他再次見到這個女人，依然會對她提出性的要求，因為女人對男人來說幾乎永遠都是新鮮的——即使他曾經得到過這個女人。同時，對於沒有得到過的女人，如果男人曾經對她有過曖昧的表示，一旦再次邂逅，男人會更加肆無忌憚地向其提出性的要求，不管他們曾經是何種關係。女人對於曾經付出過的男人，一旦與之了斷了情緣，她們一般不會在彼此邂逅時再次成為男人的俘虜——除非她一廂情願地繼續愛着這個男人。

Jonia

那樣一個百無聊賴的夜晚，看着電腦上來自陌生人貼心寫意的字句，心底的感動像一株柔軟的水草在黑夜裏默默生長，

我並不想知道她是誰——只想知道誰是我前世的知己。

前後寫給她的十八封郵件，至今還躺在我的發件夾裏捨不得刪除。寫給她的第一封信的標題是：不必知道你是誰。

在郵箱裏看到六十多封信中唯一讓我訝異的這封，難免有些歡欣鼓舞。如果我說，這封信讓我在這個初夏的夜晚，感到一種自己還沒有完全游離於人群之外的安心，你是不是會驕傲？

Jonia 和我想像中的樣子很像，亞麻色的頭髮比想像中短一些，身材比較纖細，眼神帶點狡黠，笑起來會有小小的酒窩——是個聰穎的姑娘。她只比我小一歲，卻像個沒來得及長大的孩子。不過這個孩子非常懂事，第一次見面我們就沒有任何陌生拘束的感覺，像很久不見的老朋友。看球、聽歌、聊天，後來肚子餓了，她看了看我家的冰箱，說：「我給你做個紫菜蛋花湯吧。」

Jonia 的出現於我完全是個意外。不是沒有猶豫的，我花了兩年時間才讓自己平靜下來，就這樣回到愛恨糾結裏？更重要的是，從一開始我就知道自己在上海的日子不多了，如果真的在一起，有很多棘手的事情必須解決，可是我們簡單的小幸福

經得起這樣消磨嗎？一邊是透進骨子裏的孤單，一邊是相見甚歡的陪伴，如何選擇？其實已經沒有選擇。

「我不想孤獨，也不怕辜負，只要計算着幸福就好。你是真的準備好喜歡一個人了嗎？」牽起手的時候，Jonia 這樣問我。

……

說孤單，實在有些矯情，身邊朋友同事一大堆，也並不缺少陪伴，但就是會在靜下心面對自己的時候，感覺到某種惶恐般的孤寂。一個人怕孤獨，兩個人怕辜負，感情經歷得太多會變得麻木，折騰了那麼久，也該累了。相遇總有緣起緣落，與其辜負或被辜負，寧願選擇一個人的孤單。喜怒哀愁都不必對誰掩飾，體恤自己孤零零一個，於是從不吝嗇任何一點小小的快樂，難過的時候也不必閃躲探尋的目光，悲喜都是自己的。

（二十）避風港

戀人的內心深處總渴望有一個默契合拍、可以與之相守一生的伴侶。於是當他真的遇見理想之人時，就會不遺餘力地投入感情，盡最大努力去爭取幸福。但是付出不一定就有回

報，相愛之人也不一定有機會相守，既然愛了，就要勇敢去承擔失去的痛楚，不必怕誰看出自己的脆弱。

其實不斷戀愛的行者，其心態也在悄悄變化，不想再陷入激烈的感情，但還是渴望有個溫馨的家庭和一個互相支持的伴侶。如果能找到真正屬於自己的避風港，成長的歲月裏所有的遺憾和荒唐，便都會努力試着遺忘。於是在碰到每一個看上去有發展可能的異性朋友時，都會在心裏用相親的眼光重新打量對方。以前在乎的是與她能否燃燒激情，現在看重的卻是將其娶回家後能不能為自己煲一鍋老火靚湯。人成熟後，就想穩定下來。

Kate

三十歲那年，想鍛練身體，開始學打網球 —— 正正規規在球場裏找師傅操練。網球可謂是高級的運動。朋友約來新朋友，Kate 就是我在打網球的時候認識的，一見之下，驚為天人 —— 我自信不是一個沒見過世面、看到美女就暈浪的人，但是第一次見到她，還是被她的「美力」所震懾。

......

其實剛開始的時候，一切都是很順利的，打完網球一起吃

宵夜，然後送她回家。當時覺得她對我的印象也不錯，就厚着臉皮約她出去拍照，沒想到這一招正中下懷，她是那種特喜歡在鏡頭前綻放自我的女孩。

有天夜裏玩得太晚，她就在我家裏住下。炎熱的夏天，清涼的竹席上，衣服穿得都不多，但我沒有一絲邪念。她跟我聊小時候的事情，說那些男生怎麼追求她，從初中開始收到的情書隔一段日子就能賣一次廢紙……她還有一些獨生子女特有的嬌慣自私，從來不會從別人的角度考慮問題。經常約好了時間被她隨意改動，甚至乾脆放我鴿子……這些我都能忍，誰讓我迷戀她的美麗呢？

原來她一天收到的短信就有幾十條，全是不同男士傳來的。「*Miss you, sleeping? Kiss you, baby.*」之類口吻比我還要親昵的問候，有幾個號碼還是一天發好幾條。難怪我偶爾發條短信給她，還被她很無辜地問回來：「你是誰？」

（二十一）嫉妒

嫉妒可以說是人類最普遍、最根深蒂固的一種情感。即使未滿周歲的幼兒都懂得妒忌，比如面對兩個孩子，成人只要

對其中一個表示些微的偏愛，而對另一個稍有冷落，被冷落的孩子便會覺察，接着會耍脾氣，以引起關注，或者找機會報復被偏愛的孩子。

兒童的嫉妒比較直接、公開，成人則會將它隱藏起來，不表露出來。事實上，成人的嫉妒包含更多報復心理。羅素（Bertrand Russell, 1872-1970）說：「當我家的一位已婚的女傭人懷孕時，我們讓她別提重物，這麼一來，哪個女傭都不願意提重物了。結果凡是需要拿的重物，都得我們自己動手。」

嫉妒有兩種：一種是對比的，如妒忌別人的才能、財富、家勢或美貌，欠缺志氣的人，往往會猜忌別人較自己優越；另一種屬於戀情。

羅曼·羅蘭（Romain Rolland, 1866-1944）將戀情間的嫉妒約定為「源於愛的一種情感，由擔心所愛的對象垂青他人而引起」。

維特追求夏洛蒂時，某回，他看到情敵阿爾貝特摟住夏洛蒂的腰，感到非常難受。事實上，維特並不是嫉妒阿爾貝特，簡單地說，阿爾貝特只不過是佔據了一個令人羨慕的地位，他是個情敵，但不是死敵，他並不「可憎」。

但另一情景，維特就真的嫉妒了。夏洛蒂將塗着奶油的麵包分片切開，一片片地分給她的兄弟姐妹。在維特心中，夏洛蒂就是那整一的蛋糕，如今這整一的蛋糕卻被分割開，每人各得一份，而並不僅是他一個人得到，這讓他心生嫉妒。完美的東西應該被分享，這才令人懊惱，但在該情景中，我有兄弟姐妹，我得分享，我得服從於分享的成規。

《聖保羅致哥林多書》第十三章第四節非常有名：「愛是經久忍耐，慈悲為懷；愛是不嫉妒，愛是不自吹，愛是不狂妄，愛是不乖張，愛是不自私，愛是不輕易動怒，愛是鄙視不義，愛是喜歡真理；愛是凡事包容，凡事相信，凡事盼望，凡事忍耐；愛是永不止息。」

有趣的是，戀人的表現跟保羅的體驗剛好相反。戀人欠缺忍耐，充滿嫉妒；不斷自誇、行事張狂；常常猜疑對方、不能包容，更會專門做一些讓人覺得害羞的事情。我們如果認同保羅的話，那麼愛情的種種表現正好否定了愛的本質：戀人不願意分割，而要求獨佔，自知否定了盡善盡美的愛的本質，但卻徒呼奈何。戀人的嫉妒差不多是無藥可救的，在 Wim Wenders 導演的電影 *Paris, Texas* 中就道出：嫉妒是一種自我懲罰，一發不可收拾的嫉妒能夠摧毀自我。

Kate 在發現了我的急迫和不滿之後，很快明白了我不是能跟她玩得起遊戲的伙伴，很「善良」地開始疏遠我。我試圖改變自己也改變她，為相知相守作最後的努力。可是女人一旦打定主意往往比男人還要堅決，無論我怎樣努力，還是感覺到她無可挽回地一天天在遠離我。

　　我曾經以為絕對的痴情能挽回 Kate 不愛我的心，可未曾想到，那一次爭吵之後，她似乎更覺得不欠我甚麼了，愈發地絕情。直到有一天我在她家裏苦苦懇求作一次促膝長談，她卻甚麼也不想說，只是轉過身不看我，然後下了逐客令；更讓我感到悲哀的是，讓我明白這些道理的，竟然是一個不會愛上我的女人。我只是在心中對她有愛的時候與她上床，就可以體驗到十年痴狂裏從未有過的激情。

　　沙眼的老毛病又犯了，濁淚橫流……發短信給她，是那句溫習過好幾次已經很熟稔的：「再見了，最愛的人。」

後話

　　為甚麼我的生命裏總有那麼多的依依不捨卻不得不捨？是我要得太多嗎？我絲毫不能怪 Kate，但還是恨她為甚麼會

選中現在的我？如果是幾年前，我也會和她一樣毫不在意，愛了就愛了，和一個美麗女子有過一段激情燃燒的歲月，還有甚麼不滿足？

對於別人的愛情，沒有誰有資格做專家，微妙的東西總是不可言說，你沒有切膚之痛，也就無法體驗心跳；而對於自己的愛情，你更沒有資格做專家，深陷愛中，天堂地獄只在一線之間，當局者一定迷，旁觀者未必清。

不知對哪位女性我說過這樣的話：「其實我和你一樣，對待感情也缺乏信心，甚至是迷惑。況且處在這樣一個生活與工作的十字路口，未來會怎樣，一點兒也看不清楚……所以你問我是否愛你，我真不知道該怎麼回答，只知道和你在一起很開心、很自然，我喜歡這種狀態。」

說到這裏，彷彿感覺到自己在原地踏步。三十五歲好像是一個成熟的標誌，但「總結」以上的感情段落，我仍迷惑，我的愛情結局會怎樣？

唐璜現象

唐璜（Don Juan）是西班牙家喻戶曉的傳說人物，以英俊瀟灑及風流著稱，一生中周旋在無數貴族婦女之間，在文學作品中多被用作「情聖」的代名詞。在精神醫學裏，有一個非正式的診斷名稱就叫做「唐璜症候群」，也被稱為「男性淫亂症」（satyriasis，語出希臘神話中好色而神勇的半人半羊之神 Satyr）。

有關唐璜的故事，最早見於 1615 年西班牙語版本中。在書中，唐璜被塑造成一個恬不知恥、玩弄女性的男人，用偽裝成她們的愛慕者、許諾與其結婚的方式誘騙女性。他的斑斑劣跡留下了一大串受傷的心靈，以及憤怒的丈夫與父親，最終招致被殺的命運。然而在另外一些敘述中，唐璜只不過是個真心喜歡每個他誘惑過的女性的男人，能見到每個女性真正美麗之處與內在的價值是他的天賦。他的僕人描述，唐璜曾邂逅無數女子，只要是穿裙子的，他就會拚命地追求，直到死也不改其作風。

後來，存在主義者對唐璜加以解讀：

祈克果說，唐璜並沒有真的自由，他只是感性的奴隸，因為他不能自主自己的生命，他失去了自主權，像一隻無舵之舟飄浮不定。

加繆（Albert Camus, 1913－1960）另有說法。他認為活着實際上就是讓荒謬發生，情場浪子是一種荒謬的存在者。荒謬作為唯一的紐帶把人和世界連繫起來。荒謬的人就是要在現在盡可能多地活着的人，他要窮盡現在既定的一切，要

義無反顧地生活。

荒謬的人對荒謬有十分清醒的認識，也正因如此，他要在時間中冒險地行動，窮盡自己的經驗，這是他真正的領域所在，他唯一最忠實的朋友就是轉瞬即逝的「今天」。

唐璜「悟到」：生命本身既無意義，也無目標。我們不必去管以前有過甚麼，將來又會有些甚麼。在我們匆匆走過的人生路上，沿途留下來的都是沒有生命的、死了的，而且是埋葬了的；而在前面等着我們的還不曾生出。挖掘墳墓的塵土並沒有一點好處，可是拚命去追逐那些燦爛發光卻如肥皂泡般的財富，更沒有好處……轉瞬即逝的時光才是我們最忠實的朋友；我們的王國就是今天。世界歷史是從我們出生的那一天開始的；等我們的存在的最後一星火花熄滅的時候，它也完結了。

唐璜一個接一個狂熱地追求女人，並不是因為缺少愛，也不是要佔有她們，而是要征服她們，窮盡既定的經驗；愛、征服與窮盡就是他的認識方式。為了這些，他不顧忌世俗的偏見，也毫不畏懼所謂命運的懲罰。唐璜認為，任何一種命運都不是一種懲罰，只要他活着，他其實就是無辜的。

唐璜好像一位永遠在演戲的演員，只願演活角色，卻不相信自己有本來的面目。演員在扮演角色的過程中，實踐了荒謬的人的命運。他的榮耀是短暫的，但卻恰恰證明了荒謬的人的生活準則：關注最確實的東西，毫無未來的希望。因為演員在台上扮演的是最終要死亡的人，他在短暫的時間內經歷了角色一生經歷的生活。兩個小時之後，一切結束，而演員又要扮演下一個角色。他橫跨不知多少世紀，遍及無數生靈，就像荒謬的人一樣窮盡着某種東西而且永不停息地與時間一起行進。

演員的命運的荒謬就在於，他並不是他扮演的角色，明知自己不能完全地成為「他」，卻不顧一切地要窮盡「他」，他其實在逃避自己。

張愛玲論「愛的盲點」 後記

本來希望輯錄一些名作家論愛情的精句，例如托爾斯泰、尼采、羅蘭·巴特、曹雪芹或三毛……但近日忽然重閱張愛玲，頗有所得。試看她跟胡蘭成的一段戀情的終始：

當他們相戀時，張愛玲給胡蘭成寄去一封信，打開是一張白紙：「我給你一張白紙，是讓你在上面寫滿你想寫的。」

當他們分手時，張愛玲寫信道：「我已經不喜歡你了，你是早已不喜歡我了的。這次的決心，我是經過一年半的長時間考慮的，彼惟時以小吉故，不欲增加你的困難。你不要來尋我，即或寫信來，我亦是不看的了。」

後來，張愛玲這樣說，不知是否她的真心意：「兩個人一起是為了快樂，分手是為了減輕痛苦，你無法再令我快樂，我也唯有離開，我離開的時候，也很痛苦，只是，你肯定比我痛苦，因為我首先說再見，首先追求快樂的是我。」

我覺得一位如此聰敏而又經感情、歷史波瀾的女作家，最適合為我們道出她認為的「愛的盲點」：

這世上沒有一樣感情不是千瘡百孔的。

牽手是一個很傷感的過程，因為牽手過後是放手。

離開你，我不會死，我只是凋零。

死生契闊，與子相悅，執子之手，與子偕老是一首最悲哀
的詩⋯⋯生與死與離別，都是大事，不由我們支配的。比起外
界的力量，我們人是多麼小，多麼小！可是我們偏要說：「我永
遠和你在一起，我們一生一世都別離開。」—— 好像我們自己
做得了主似的。

我以為愛情可以克服一切，誰知道它有時毫無力量。我以
為愛情可以填滿人生的遺憾，然而，製造更多遺憾的，卻偏偏
是愛情。陰晴圓缺，在一段愛情中不斷重演。換一個人，都不
會天色常藍。

失望，有時候也是一種幸福，因為有所期待所以才會失
望。因為有愛，才會有期待，所以縱使失望，也是一種幸福，
雖然這種幸福有點痛。

追求和渴望，才有快樂，也有沮喪和失望。經過了沮喪和

失望，我們才學會珍惜。你曾經不被人所愛，你才會珍惜將來那個愛你的人。

如果我不愛你，我就不會思念你，我就不會妒忌你身邊的異性，我也不會失去自信心和鬥志，我更不會痛苦。如果我能夠不愛你，那該多好。

聽到一些事，明明不相干的，也會在心中拐好幾個彎想到你。

世上最淒絕的距離是兩個人本來距離很遠，互不相識，忽然有一天，他們相識、相愛，距離變得很近。然後有一天，不再相愛了，本來很近的兩個人，變得很遠，甚至比以前更遠。

喜歡一個人，是不會有痛苦的。愛一個人，也許有綿長的痛苦，但他給我的快樂，也是世上最大的快樂。

愛情還沒有來到，日子是無憂無慮的；最痛苦的，也不過是測驗和考試。當時覺得很大壓力，後來回望，不過是多麼的微小。

有些人注定是等待別人的，有些人是注定被人等的。

後記　張愛玲論「愛的盲點」

　　愛情要完結的時候自會完結，到時候，你不想畫上句號也不行。

　　同一個人，是沒法給你相同的痛苦的。當他重複地傷害你，那個傷口已經習慣了，感覺已經麻木了，無論再給他傷害多少次，也遠遠不如第一次受的傷那麼痛了。

　　愛一個人很難，放棄自己心愛的人更難。

　　當愛情來臨，當然也是快樂的。但是，這種快樂是要付出的，也要學習去接受失望、傷痛和離別。從此，人生不再純粹。

　　我們也許可以同時愛兩個人，又被兩個人所愛。遺憾的是，我們只能跟其中一個廝守到老。

　　愛上一個人的時候，總會有點害怕，怕得到他，怕失掉他。

　　不能見面的時候，他們互相思念。可是一旦能夠見面，一旦再走在一起，他們又會互相折磨。

　　愛火，還是不應該重燃的，重燃了，從前那些美麗的回憶也會化為烏有。如果我們沒有重聚，也許我會帶着他深深的思

念活着，直到肉體衰朽；可是，這一刻，我卻恨他。所有的美好日子，已經遠遠一去不回了。

人生最可愛就在那一撒手。

張愛玲對愛情的挖苦，是失望還是性格上的悲劇？

男人、女人

如果你不調戲女人，她說你不是一個男人；如果你調戲她，她說你不是一個上等人。

女人總是遠兜遠轉地計劃怎樣做錯事。女人不大想到未來——同時也努力忘記她們的過去——所以天曉得她們到底有甚麼可想的！

男人憧憬着一個女人的身體的時候，就關心到她的靈魂，自己騙自己說是愛上了她的靈魂。唯有佔領了她的身體之後，他才能夠忘記她的靈魂。

男人徹底懂得一個女人之後，是不會愛她的。

　　他看着自己的皮肉，不像是自己在看，而像是自己之外的一個愛人，深深悲傷着，覺得他白糟蹋了自己。

　　一般的男人，喜歡把好女人教壞了，又喜歡感化壞的女人，使她變為好女人。

　　近三十的女人往往有着反常的嬌嫩，一轉眼就憔悴了。總之，沒有婚姻的保障而要長期的抓住一個男人，是一件艱難的、痛苦的事，幾乎是不可能的。

　　漂亮的女孩子不論出身高低，總是前途不可限量，或者應當說不可測，她本身具有命運的神秘性。一結了婚，就死了個皇后，或是死了個名妓，誰也不知道是哪個。

　　對於大多數的女人，「愛」的意思就是「被愛」。

　　女人一輩子講的是男人，念的是男人，怨的是男人，永遠永遠。

　　很多女人因為心裏不快樂，才浪費，是一種補償作用。例如丈夫對她冷淡，就亂花錢。

最討厭是自以為有學問的女人和自以為生得漂亮的男人。

女人一旦愛上一個男人，如賜予女人的一杯毒酒，心甘情願的以一種最美的姿勢一飲而盡，一切的心都交了出去，生死度外！

男人若愛上一個女人，如發現了自己一直尋找的光環！光環的美麗讓他陶醉其中，他為她獻出了很多的溫柔，女人被男人的溫柔所感，義無反顧的把自己獻給了男人，終於這個光環緊緊的套在自己的身上……時光慢慢的流逝了去，光環慢慢的變的灰暗，男人的臉也漸顯些蒼老，在光環的陪伴下，男人也漸成熟了，讀懂了很多世事！可是同時他也感覺到女人老了，失卻了往日的光華！

你疑心你的妻子，她就欺騙你。你不疑心你的妻子，她就疑心你。

好男人：他懂得女人的光華已緊緊的溶進了自己的生命！是女人的幸運！

壞男人：他會厭倦，很輕易的把光環從自己身上剝離，然後拋棄！是女人的不幸！

後記 張愛玲論「愛的盲點」

　　一個女人不管有多麼的風華絕代，才華出眾，如果沒有愛情，那也不過是一朵等待枯萎的玫瑰而已。

　　男人對女人的憐憫，是近於愛的；一個女人絕不會愛上一個她認為楚楚可憐的男子，女人對男人的愛，是帶有崇拜性的。

　　我深愛張愛玲的文字，但總覺得她論愛情有點辛辣、有點偏。想起唐君毅先生的觀點：藝術家必須訴諸感性的生活來豐富他們的感性想像，文學創作是要把各種具體感性的意象表現出來，有所表現即求被欣賞，故文學、藝術亦須訴諸他人的感性生活或具體的感性想像，以被欣賞。於是文學家、藝術家，對他人於其創作所表現的感性的好惡，亦最難忘卻；同時，文學家亦最易陷入孤寂之情。

　　更須留意的是，這些偉大的文學家、藝術家，往往失意於愛情，如貝多芬、舒伯特、尼采、雪萊、歌德、曹雪芹、張愛玲……最初他們幾無不寄託於愛情，為愛情而不顧社會之非笑，但是最終都失戀或絕意於愛情。非不願也，實則是孤高的性情讓他們無法與他者相鄰，無緣於人倫親情，可見文學家的生命內部總有點偏執。他們雖然心靈全然寄望於永遠的神聖世界，但人總具有形軀，形軀亦是生命的本相，因此超越意識愈高昂，追求理想者即須與自己的自然生命之要求及俗情之要求

作戰，這是隨時可勝利，亦隨時可失敗的，故此文學藝術的生命，處處可欣賞，但亦最讓人痛惜。

看了唐先生的解說，好像更了解張愛玲，更了解愛情的盲點。最後，選幾節張愛玲對愛情較為中和的點評：

一個人在戀愛時最能表現出天性中崇高的品質。這就是為甚麼愛情小說永遠受人歡迎── 不論古今中外都一樣。

我愛你，為了你的幸福，我願意放棄一切── 包括你。

愛是熱，被愛是光。

喜歡一個人，會卑微到塵埃裏，然後開出花來。

人生最大的幸福，是發現自己愛的人正好也愛着自己。

你問我愛你值不值得，其實你應該知道，愛就是不問值不值得。

於千萬人之中遇見你所遇見的人，於千萬年之中，時間的無涯的荒野裏，沒有早一步，也沒有晚一步，剛巧趕上了，也

沒有別的話可說，惟有輕輕的問一聲：「噢，你也在這裏嗎？」

　　我要你知道，在這個世界上總有一個人是等着你的，不管在甚麼時候，不管在甚麼地方，反正你知道，總有這麼個人。

陶國璋

責任編輯　張佩兒
裝幀設計　立青
封面設計　立青、霍明志
排　　版　時潔
印　　務　林佳年

出版
中華書局(香港)有限公司
香港北角英皇道499號北角工業大廈1樓B
電話:(852)2137 2338　傳真:(852)2713 8202
電子郵件:info@chunghwabook.com.hk
網址:http://www.chunghwabook.com.hk

發行
香港聯合書刊物流有限公司
香港新界大埔汀麗路36號中華商務印刷大廈3字樓
電話:(852)2150 2100　傳真:(852)2407 3062
電子郵件:info@suplogistics.com.hk

印刷
美雅印刷製本有限公司
香港觀塘榮業街6號海濱工業大廈4樓A室

版次
2020年6月初版
© 2020 中華書局(香港)有限公司

規格
32開(210mm×150mm)
ISBN:978-988-8674-61-9